W0381262

L'HOMME
QUI VOLE

L'HOMME QUI VOLE

FRANKY ZAPATA
AVEC GEOFFROY LANGLADE

Sous la direction de Frédéric Veille

City
Témoignage

Retrouvez tous les titres City Editions :

www.city-editions.com

© City Editions 2023
Photo de couverture : © TIBO PICS / © PertusatoFilms
Photo de 4e de couverture : © Mairie de Châteauneuf-les-Martigues

ISBN : 978-2-8246-2244-6
Code Hachette : 77 7977 3

Collection dirigée par Christian English et Frédéric Thibaud
Catalogues et manuscrits : city-editions.com

Conformément au Code de la Propriété Intellectuelle, il est interdit
de reproduire intégralement ou partiellement le présent ouvrage, et ce,
par quelque moyen que ce soit, sans l'autorisation préalable de l'éditeur.

Dépôt légal : Août 2023

Sommaire

1
La seconde Manche

Sangatte (Pas-de-Calais), dimanche 4 août 2019

J'y vais ! Cette fois, c'est juré, plus question de faire marche arrière. Ce sera la bonne. Les hélicoptères sont en place, le public et les médias sont derrière moi. Mon équipe est là aussi : ma femme Krystel, en premier lieu. Elle m'a toujours soutenu et accompagné dans mes défis sportifs, mes victoires, mes échecs et ma carrière professionnelle. Mon vieux pote Stéphane est allé se positionner comme la première fois sur la plage de St Margaret's Bay à Douvres, de l'autre côté de la Manche. Il m'attendra attentivement au pied de cette plateforme qui lui servira de zone d'atterrissage pour mon *flyboard* air. Accroché à son téléphone portable, Stéphane scrutera aussi ma traversée en direct *via* les chaînes d'information françaises et britanniques. Près de la plage de Sangatte, il y a aussi les fidèles Adrien et Florian, une partie du clan Zapata. Claude, mon papa qui n'a jamais manqué un seul de mes départs en compétition jet-ski, est exceptionnellement resté, pour garder mon fils Matt, sur son bateau à Calvi, en Corse. Depuis 6 heures du matin, la famille ne décroche pas du poste de télévision pour suivre ce défi diffusé en intégralité sur BFM TV.

Au plus profond de moi, comme une envie d'en découdre. Aller jusqu'au bout de mes rêves et effacer l'échec d'un premier vol avorté le 25 juillet dernier au moment de ravitailler en mer. Je vois ce défi aérien, sportif et technique comme un vrai combat de boxe. Un combat aussi contre moi-même. Il va falloir tout donner, point d'orgue d'une belle aventure qui a commencé il y a plusieurs années du côté de Marseille. Et un rêve de gosse aussi, c'est certain.

Pour cette seconde et ultime tentative aux commandes de mon *flyboard* air, 35 kilomètres pile poil de traversée m'attendent entre la France et les côtes britanniques. Mon équipe a tout étudié au millimètre près : l'assistance, les temps de parcours, le poids du sac à dos qui fait office de réservoir, la consommation attendue en kérosène et bien sûr tout le processus de ravitaillement. Cette manœuvre délicate avait provoqué ma chute lors de la première tentative en juillet dernier. Un navire spécialisé dans les travaux maritimes, beaucoup plus stable et plus grand, m'attendra en Manche. Cette fois, ce sera dans les eaux territoriales anglaises, cela change tout. Appartenant à la société Iroisemer, le vaillant *TSM Penzer* mesure 27 mètres de long pour 8 mètres de large et dispose d'une grande plateforme arrière faisant office de zone d'atterrissage. Cela nous rassure. Les jours précédant cette seconde tentative, on a travaillé jour et nuit sans relâche pour démonter, revoir de A à Z et réparer mon *flyboard*. La tâche n'a pas été simple, je me souviens avoir très peu dormi.

Mais avec les années, j'ai appris à me connaître, à subir ce que j'appellerais une « pression positive ». Je me rappelle ainsi mes premières compétitions en jet-ski, notamment lorsque je suis passé en catégorie stand-up (jet à bras) au niveau professionnel. Plus jeune, je m'étais entraîné toute l'année à 400 % et j'arrivais sur les premières courses les jambes totalement coupées.

Au bout d'un tour de circuit, je n'avais plus beaucoup de force, le cœur dans la bouche et plein de stress, mes concurrents commençaient à me dépasser. Avec l'expérience et tous les coups que j'ai pris dans la gueule, tout au long de ma vie, tu finis par l'oublier et plus rien ne t'affecte. À la fin de ma carrière sportive, j'ai changé complètement et je n'ai jamais été aussi bon que lorsque j'ai été sous la contrainte. J'ai appris à doser l'adrénaline pour qu'elle me donne une capacité à me dépasser. Au début, la douleur physique est énorme, ton corps souffre, tu te tétanises, et puis à la fin ta dose d'adrénaline te délivre une réelle capacité à te dépasser. Maintenant, à chaque fois que je suis sous pression, j'arrive à passer le cap !

Nous sommes arrivés dans le Pas-de-Calais la veille, il y a eu une nouvelle conférence de presse avec encore plus de télévisions, encore plus de radios et de journalistes étrangers que pour la première tentative le 25 juillet 2019. J'étais déjà dans un monde parallèle, une vraie concentration.

8 heures du matin, le compte à rebours s'est enclenché. J'ai hâte d'y être, de me retrouver en altitude les yeux fixés vers l'Angleterre, mon seul objectif. Je regarde déjà loin devant. Le ciel est dégagé, la température à Sangatte frôle les 20 degrés. Favorable pour ma traversée, la vitesse du vent oscille entre 20 et 25 kilomètres à l'heure. Les conditions météo sont sensiblement les mêmes que lors de ma première traversée. Ordre est donné aux équipes de télévision de s'écarter. Je m'avance près de la plateforme. Applaudissements du public venu encore plus nombreux que jadis, cela me fait chaud au cœur. Puis à 8 h 15 pétantes, un oiseau passe. Je monte sur la plateforme, un dernier geste de tendresse envers mon épouse et voilà mon regard porté vers l'horizon. J'actionne la gâchette, les moteurs se mettent en action. Le bruit assourdissant des micro turbo-réacteurs laisse derrière moi le brouhaha médiatique et toutes les

complications administratives de ces derniers jours. *Bye bye* la pression, le ciel est à moi !

Concentré comme jamais, je me retrouve en quelques secondes propulsé à une quinzaine de mètres d'altitude. Toutes les informations, les paramètres de vol défilent dans la visière de mon casque. Vu de l'extérieur, le parcours de vol n'est pas très long mais dompter mon aéronef réclame une excellente condition physique. Mon *flyboard* se pilote aussi bien avec les pieds qu'avec les fesses ou les abdominaux. Cela tire dans les quadriceps. Je dois contrôler la propulsion mais aussi le tangage, le roulis et le lacet de l'engin. Une rafale de travers ou de face, un volatile ? Je dois parer à tout changement de trajectoire. Tout peut arriver.

Je me rappelle plusieurs fois des sortes de flashs où je me suis reconnecté à la réalité. D'un coup, je vois passer au loin un oiseau, un hélicoptère d'assistance peut-être ? Me voilà au milieu de la mer. Cela te procure d'immenses mais courts souvenirs, des montées d'adrénaline. Le reste du temps, je reste concentré, dans ma bulle, baladé entre une véritable douleur, la vitesse de l'engin et la maîtrise technique.

Foncer droit devant, ne pas trop réfléchir et viser ce qui s'apparente à la ligne d'arrivée. Après coup, cela me rappelle la belle époque, où je disputais, dans les années 1990-2000, les Championnats du monde de jet-ski autour de Fort-Boyard et de l'île d'Oléron en Charente-Maritime. C'était un peu le même sentiment : se battre contre soi-même, pas trop contre les autres. Regarder l'horizon, tenter d'arriver au bout et arbitrer entre douleur et vitesse.

Ouf ! Les calculs ont été justes, la chance me sourit. Le ravitaillement à bord du bateau TSM Penzer se passe comme une lettre à la poste. Je m'accroche à la petite barre, mon sac à dos aspire méticuleusement les litres de kérosène. Rien à voir avec le fiasco de ma première traversée. Et puis, Douvres n'est plus trop loin. Bizarrement, j'ai aperçu les côtes anglaises assez tôt, à partir de la moitié du parcours. Je les vois un peu au loin, c'est magnifique. J'ai mal partout, cela me brûle, dans les jambes et dans le ventre.

Je me parle dans ma barbe : « Franky ralentis, ralentis, putain, ralentis ! » Car je vois la vitesse défiler en temps réel dans mon œil. Et puis au moment où je décélère, j'ai de nouveau mal, je me dis qu'il faut que j'accélère à nouveau. Les plages anglaises arrivent plus vite que ce que j'imaginais. Tout s'est passé trop vite.

En une fraction de seconde, je sens venir cette énorme falaise blanche. Elle m'éblouirait presque. Je dois voler à 60 ou 70 mètres d'altitude pour la contourner. Avec mon sens de l'orientation légendaire, je tourne en rond. Je suis un peu perdu. Et pourtant je suis venu ici, à pied, repérer la zone d'atterrissage deux jours avant la traversée. On avait mis 45 minutes en marchant et là, j'ai retrouvé la fameuse DZ en une poignée de secondes.

Je l'ai enfin fixé. Je m'approche doucement de la plateforme, mon ami Stéphane en soutien. Une rafale de vent, la plateforme s'envole, mon pote la tient. Cette fois, je pose les pieds sur la terre ferme. C'est fait ! La seconde tentative était donc la bonne.

Une décharge d'émotions m'envahit. Je ne peux plus retenir mes larmes. J'appelle tout de suite Krystel puis Matt, ou l'inverse, je ne sais plus trop : « Je vous aime. » Je suis sur un petit nuage. Les médias arrivent. En anglais, en français. Je réponds du tac au tac, je pense à Louis Blériot, à tout, à rien, je pleure de joie.

Le soir de la traversée, on a choisi de rentrer directement en France pour célébrer cette première au restaurant et surtout pour rejoindre mes proches, mon équipe et tous ceux qui nous ont soutenus au fil des semaines de préparation.

Je retiens aussi cette anecdote. Je me rappelle avoir emporté en Angleterre mon passeport européen à cause du Brexit. En prenant le Shuttle du retour, je passe les douanes et une responsable en uniforme me demande dans un mauvais franglais :

— Monsieur Zapata, comment avez-vous pu passer, vous n'êtes jamais entré sur le territoire britannique ?

J'ai dû ainsi tout lui expliquer cette histoire de record en *flyboard*... À ma grande surprise elle m'a répondu :

— Moi aussi j'ai traversé la Manche il y a quelques années mais c'était à la nage. Je connais bien le problème !

On a rigolé, elle m'a mis un coup de tampon et m'a laissé repartir. Une semaine plus tard, nous avons été contactés de nouveau par les autorités britanniques. Il a fallu tout reprendre à zéro et réexpliquer l'histoire dans un long e-mail…

En arrivant à Marseille, retour à la réalité, au train-train quotidien, j'allume mon téléphone portable. Il est plein de SMS, e-mails, autres messages de soutien, témoignages et félicitations. Je le bascule en mode avion. Direction l'aéroport. Au programme : un long vol vers Bali pour des vacances en famille et une pause bien méritée. Cela va nous faire le plus grand bien !

2
Mes origines

« Zapata, c'est ton vrai nom ou un pseudonyme ? » On me pose souvent la question. On croit souvent qu'il s'agit d'un pseudonyme artistique. C'est vrai que cela pourrait ressembler à un nom de scène, au nom d'un artiste ou d'un groupe de musique. Rien à voir non plus avec Emiliano Zapata Salazar, l'un des principaux acteurs de la révolution mexicaine de 1910.

Tout au plus, cela indique mes origines hispaniques. On le retient facilement. Je possède depuis toujours un seul passeport français, j'en suis terriblement fier, même si je ne renie pas mes origines. Du côté paternel, mon grand-père est espagnol, il est né à Carthagène, dans une famille pauvre, il est arrivé en France vers l'âge de 4 ans, probablement à cause de la guerre. Le clan Zapata était installé dans les quartiers nord de Marseille, à Saint-Henri. Plus tard, il a effectué plusieurs petits métiers un peu partout dans la région avant de devenir employé à la SNCF, en charge de l'entretien des trains et du matériel ferroviaire. La fratrie Zapata est originaire de Murcia dans le sud-est de la péninsule Ibérique. Je suis familier avec cette région car j'ai eu souvent l'occasion d'y aller en participant à des manches du championnat d'Europe de jet-ski de vitesse dans les années 2000. Mon grand-père, que j'ai bien connu, était un être merveilleux, bienveillant et doux de caractère. Gamin, je l'adorais. Vers l'âge de 4 ans, il a émigré avec sa famille en France pour des raisons économiques. À la maison, ils devaient parler français pour pouvoir s'intégrer, donc je n'ai pas appris l'espagnol. C'était une famille modeste mais heureuse, équilibrée. Ils ont eu quatre enfants, une fille, aujourd'hui décédée, et trois garçons : Richard, René et mon papa, Claude. Du côté maternel, c'est différent, les origines sont à la fois espagnoles et italiennes. Ma grand-mère était femme au foyer. J'ai à peine connu mon grand-père maternel, son mari. Je sais simplement qu'il a dû arrêter de travailler très tôt, vers l'âge de 40 ans, car il avait des problèmes de santé, il souffrait du dos. Comme ma famille mélangeait la culture espagnole et italienne, ils avaient la soif comme jamais de s'intégrer, de réussir et de se battre pour manger !

Mes parents se sont rencontrés très jeunes dans le sud de la France. Ma maman, Jeanne, avait tout juste

13 ans. Quand ils se sont mariés, elle avait 18 ans. Je suis arrivé dix ans plus tard dans un hôpital à Marseille : le 27 septembre 1978. À l'époque, je suis fils unique et Balance côté signe astrologique. J'ai aussi un demi-frère plus jeune que moi car mes parents se sont séparés et mon papa a refait sa vie dans les Bouches-du-Rhône. Contrairement à moi, mon père n'était pas sportif dans l'âme, même s'il a toujours été attiré par la moto et les sports mécaniques.

Papa et maman vivaient très chichement dans un appartement modeste sans toilettes, sans salle de bains, à la limite de la misère. Il était situé dans le populaire 16e arrondissement de la cité phocéenne, quartier Saint-Henri, au nord-ouest de la ville, au bord de la mer Méditerranée. Cette zone fait partie des tristement célèbres quartiers nord de Marseille. Leurs débuts furent assez durs mais ils ne s'en rendaient pas compte. Car en ce temps-là, la vie était belle et heureuse à Marseille. Ils vivaient au jour le jour. Mon père, qui a quitté l'école tôt, exerçait le métier de maçon de manière épisodique. Le reste du temps, il se débrouillait comme il pouvait. Pour arrondir les fins de mois et puisque la maçonnerie ne payait pas beaucoup, il est vite devenu plongeur. Dans les années 1970, il alimentait en coquillages les criées de Marseille et s'est rapidement forgé une belle réputation : celle de livrer les meilleurs oursins de la ville. Les restaurants huppés en raffolaient.

Les transactions se faisaient sous le manteau, à la « gâche », comme on dit du côté de la Belle du Sud…

Du côté du château d'If, non loin des îles du Frioul, au large de la cité phocéenne, maman pilotait un ancien et imposant bateau à moteur. L'esquif crachait une imposante fumée noire et tombait souvent en panne dans la rade de Marseille. Ma mère restait des heures entières à l'attendre dans le froid, à grelotter sur le pont en bois du bateau, inquiète de ne pas voir papa remonter à la surface. Lui n'hésitait pas à plonger avec ses bouteilles en plein hiver, dans une eau à 10 degrés, dans les vagues, les courants, les algues, et avec un niveau de sécurité aléatoire. À cela s'ajoutait le risque de se faire attraper par les flics et de finir au poste avec une lourde amende que mes pauvres parents n'auraient jamais eu les moyens de payer. En pleine saison, les meilleurs jours de pêche, le jeune couple réussissait à remonter près de 150 douzaines de coquillages en une journée. Cela leur permettait de nourrir la famille.

Mais une année, l'hiver a été particulièrement rude dans la région, les conditions de mer ne permettant plus de sortir beaucoup, les pêches furent infructueuses. Les étals des criées étaient désespérément vides. Les oursins étaient creux, les affaires tournaient au plus mal. Les réserves de mes parents fondaient comme neige au soleil. Heureusement, mon papa a pu reprendre en main sa truelle pour relancer son activité d'origine : la maçonnerie. Un peu de plomberie aussi, de temps en temps en travaillant toujours au noir.

Nous étions dans les années 1970, Marseille était marquée par les histoires de la *French Connection*, l'ère de Gaston Defferre, les exploits de l'Olympique dans le championnat de France de football... Papa avait 20 ans. Il avait appris les différents métiers du bâtiment sur le tard, à l'âge de 17 ans, avec ses frères. Il a travaillé pour des petites entreprises qui construisent ou rénovent, notamment des belles propriétés de la région appartenant à des notables. Il m'a souvent parlé d'un de ses clients qui était bijoutier. Mon oncle connaissait mieux que lui le métier et lui donnait quelques conseils et ficelles. Il avait beaucoup de talent et bossait comme un acharné. Vers 18 ans, avant d'entamer ses activités de plongeur, il a pris en charge la construction entière d'une belle villa d'une surface supérieure à 230 m^2. Claude Zapata avait un talent incroyable... Entre-temps, mon papa a mis une partie de ses petites « gâches » de côté et a cassé sa tirelire pour passer son permis de conduire. Avec ça, il allait pouvoir manœuvrer des camionnettes et rejoindre les chantiers de la ville plus facilement.

À l'âge de 22 ans, le vent tourne, l'activité du bâtiment s'essouffle un peu. Ma maman qui est coiffeuse de profession rêve d'avoir sa propre affaire, un salon en centre-ville. Avec mon père, elle s'est mis en tête de trouver un local qui lui permettra d'accueillir ses clients fidèles. Mais Jeanne exige une drôle de chose : elle veut une cour à proximité de son salon pour son petit chien. Par chance, mes parents tombent par hasard sur une petite annonce et dénichent la perle rare : un grand local est mis en vente, avec une cour attenante, dans le quartier de Saint-Henri. Un appartement situé juste au-dessus du commerce est également proposé à la vente. Mais mes parents n'ont pas un sou en poche. Ils trouvent un prêteur et empruntent l'équivalent d'un million d'anciens francs pour devenir propriétaires. Aidé par son père et ses deux frères, papa réussit un tour de magie en établissant un salon de coiffure dans le quartier. Le commerce est situé au 214 rue Rabelais dans le 16e arrondissement de Marseille. C'est amusant car mon père est né à quelques mètres de là, dans la même rue, au numéro 58. Et comme toujours, il voit les choses en grand, le salon est immense, équipé avec du matériel dernier cri et décoré avec un beau carrelage venu des carrières de la région. Ma maman, qui a lancé cette affaire de coiffure avec sa sœur, a les yeux qui brillent. C'était son rêve ! Au fil du temps, le bouche-à-oreille fonctionne dans les rues car la plupart des salons concurrents sont plus petits et moins bien agencés. En quelques mois, maman réussit à attirer une belle et riche clientèle dans ce nouvel espace de coiffure.

Nous sommes en 1975, Valéry Giscard d'Estaing est le président de la République française. Mes parents commencent à voir le bout du tunnel, à pouvoir vivre normalement, l'horizon s'éclaircit. Le salon de coiffure fêtera bientôt ses dix ans et, à ma naissance en 1978, maman décide de tout arrêter pour s'occuper de moi. Mes parents revendent l'affaire mais conservent le logement au-dessus qui, entre-temps, a été aménagé avec des toilettes, une baignoire et beaucoup de confort. Rien à voir avec leurs premières années de vie commune.

Ma maman veut que mon père monte sa propre affaire dans le bâtiment. Il hésite, il n'est pas trop d'accord. On lui parle de taxes et d'impôts, il ne sait pas trop ce que c'est. Elle lui a mis la pression et est allée lui chercher en catimini une carte officielle d'artisan à la chambre syndicale des artisans du bâtiment. Elle lui a coûté 70 francs. Une bonne idée car ce précieux sésame lui ouvre de nombreuses portes et il peut notamment travailler pour un service qui s'occupe de faire des travaux pour les personnes âgées. Il sait tout faire : plomberie, maçonnerie et bien d'autres travaux. Parallèlement, de nombreuses personnes commencent à lui faire confiance, ainsi que l'administration, la DDE, dans le quartier Saint-Antoine. Le nom Zapata commence à se faire connaître. La société s'appelle Zapata Claude. Dans la rue, les camions et les pelles se reconnaissent au premier coup d'œil grâce à leur couleur orange. En raison de différents contrôles fiscaux, dans les années 1980, l'entreprise familiale change de dénomination pour devenir Société d'exploitation Zapata Claude puis Entreprise générale de bâtiments et travaux publics (EGBTP), une société dans laquelle papa est en association avec son frère.

En vendant une petite voiture qu'il possédait, mon père achète un joli terrain d'environ 8 000 m^2 sur les hauteurs de la petite commune de Rove, dans les Bouches-du-Rhône. Je vis à Marseille jusqu'à l'âge d'un an puis il fait construire une grande maison de 250 m^2 où l'on aménage. Au fil des années, papa achète les terrains autour. Sa propriété fait dorénavant presque 1 hectare et il coule des jours heureux sur ce site encore préservé, authentique, avec beaucoup de terrain et d'espaces verts. Ambitieux, il ne s'arrête jamais. C'est dans ce logement que je passe l'essentiel de ma jeunesse. Mes premiers souvenirs, c'est cette maison familiale où je construis mes cabanes, mes engins volants, mes Lego et toutes sortes d'inventions. C'est là que j'ai grandi.

En 1984, la vague Véronique et Davina déferle sur la France, on entre en plein dans la mode du fitness. Mon père a eu pas mal de tracas avec l'administration fiscale qui lui cherche constamment des « poux dans la tête ». L'entreprise Zapata est prospère. Avec ma mère, papa se met dans l'idée d'ouvrir un club de fitness avec des salles de remise en forme, de musculation, du tennis, du squash, un restaurant, une piscine et même un service de kinésithérapeute, un des plus grands espaces de ce type de la région. Avec son frère, il travaille dur et construit ce centre de ses propres mains en bossant, parallèlement à son activité de patron. Après plusieurs années, le complexe sportif est revendu suite à la séparation de mes parents. Entre-temps, mon père a investi à proximité et fait construire dans la ville des immeubles de bureaux dénommés l'Olympe. À l'origine, il s'agissait d'une ferme avec des vaches et des chèvres ! Cela sentait mauvais à plusieurs kilomètres à la ronde ! Il avait fini par acheter le terrain et le site aux enchères pour tout transformer progressivement en locaux professionnels car cela incommodait les membres du club de fitness…

3

L'école, les copains...

La propriété familiale du Rove est ce qu'il y a de mieux dans la vie d'un gamin de mon âge. Mes parents ont beaucoup sué pour s'offrir cette belle demeure provençale. Elle est grande, confortable et entourée par un immense jardin, des espaces verts et sauvages. Le climat méditerranéen nous permet de profiter quasiment toute de l'année d'une piscine taille XXL. J'y plonge une tête régulièrement et invite mes meilleurs copains, que j'ai connus à la maternelle du village ou, plus tard, à l'école primaire de Châteauneuf-les-Martigues. Ils s'appellent Fred et Lionel. Le mercredi après-midi ou le week-end, on forme une petite bande et ils resteront proches de moi tout au long de ma carrière sportive et de ma vie professionnelle.

Nostalgie, quand tu nous tiens. Nous avions 8, 9, ou peut-être 10 ans. Nous pensions avant tout à gambader dans les collines, à construire des cabanes dans les arbres et, plus tard, à rouler avec la petite motocross PW-80 que mon papa avait bien voulu m'offrir pour un anniversaire. Comme un signe ? Dès l'âge de 6-7 ans, j'éprouve une véritable passion pour le bricolage et les Lego en particulier. Mes oncles et tantes et mes parents ont pris l'habitude de m'en offrir par dizaines au moment de Noël. Mes placards en sont remplis. Dans ma chambre, je passe quasiment six à sept heures par jour le week-end à monter et démonter ces briques de couleur. Avec une seule particularité : je n'aime pas du tout suivre les notices et les modes d'emploi officiels ! Je me souviens que les constructions ne duraient jamais plus d'une demi-heure avant que je les jette par terre. Je mélangeais ces milliers de briques de toutes tailles et de toutes les couleurs dans un énorme sac fourre-tout en jean avec des lanières rouges. Je fabriquais des bateaux, des voitures, des avions et toutes sortes d'engins ou des trucs de fou qui me passaient par la tête.

Plus âgé, je m'installe dans le garage de la maison pour bricoler des épées façon Dark Vador, arme emblématique de la trilogie *Star Wars*, ou des petites fusées. Je fais preuve d'un certain talent pour mettre au point des aéronefs. Un jour, tout a failli partir en vrille. La fusée s'est enflammée dans le garage familial. Et encore une fois, mon père a vu rouge ! Il allait finir par s'habituer. Quelques années plus tard, en devenant pilote de jet-ski, je vais accaparer ce garage pour le stockage, la réparation et la préparation de mes machines de course...

Au milieu des années 1980, la plupart de mes potes du primaire commencent à se passionner pour les jeux vidéo. Le gorille Donkey Kong déboule sur la console Nintendo et envahit les cours de récréation au même moment que les premiers ordinateurs américains Atari. C'est tout nouveau, cela fascine les gamins. On ne parle que de ça à la fin des cours d'école. Par mimétisme et parce que mon cousin est devenu un vrai accro aux consoles de jeux, j'y joue aussi de temps en temps. Cela m'amuse, mais sans que cela devienne un véritable hobby. Je ne vois pas l'intérêt de taper sur un clavier ou actionner une manette tout seul, sans parler et en étant enfermé au fond de sa chambre. Je préfère largement pratiquer un sport de combat comme le karaté, courir dans les collines ou pratiquer toute autre activité au grand air. Pour être honnête, je n'ai jamais non plus été trop passionné par la littérature, les livres ou même les bandes dessinées. Je n'ai jamais trop lu dans ma vie. Cela tient au fait que je suis dyslexique. Quand je lis un texte, je n'ai pas de difficultés à le comprendre mais pour le retenir, je préfère qu'on m'explique tout oralement. En lisant, mon cerveau s'enrhume, j'ai l'impression de mélanger les lettres.

En revanche, j'ai toujours été fan de séries et de films, surtout américains, avec des superhéros, des cascadeurs, des inventeurs. D'une manière générale, j'étais passionné par le monde des inventions, des avions, des fusées et du vol. D'abord, il y a eu les *MacGyver* avec l'acteur Richard Dean Anderson. La saga est arrivée sur Antenne 2 à partir de 1985. Bricoleur hors pair, il arrive toujours à trouver une solution à la dernière minute et fabrique des dispositifs incroyables avec son seul couteau suisse. C'est ma série TV préférée pendant mon adolescence. Ensuite est apparu *Retour vers le futur* avec Michael J. Fox et Christopher Lloyd. L'épisode 1, le 2 et puis le 3. Je connais toutes les répliques et les séquences par cœur. Ce film culte qui a marqué non pas une mais plusieurs générations continue à m'inspirer aujourd'hui avec Marty McFly, le Doc et son incroyable voiture volante à remonter le temps. J'en parle souvent à mon fils Matt. Qui sait ? Cela m'a peut-être donné le goût des inventions, des défis, du risque et de l'univers aéronautique ?

Adolescent, je tiens à me distinguer de mes camarades de classe. Je revendique un comportement assez impétueux, du genre casse-cou ou cascadeur. Je suis petit, encore chétif, mais je tiens rarement en place et baisse rarement les bras face à la difficulté ou l'effort. Vers 12-13 ans, j'ai l'esprit déconneur. Je ne fais jamais de grosses bêtises mais des paris toujours un peu loufoques. Au collège, je me rappelle être passé à travers une baie vitrée pour arriver plus vite à la cantine. Je suis revenu à la maison, des points de suture sur le bras et le visage tuméfié. Le soir, mes parents étaient tout aussi inquiets que furibonds !

Dans les années 1980-1990, le week-end ou pendant les vacances scolaires, mon pote Fred et moi, on roulait à fond en motocross, en moto-trial ou en quad sur la route départementale ou sur les chemins et autres collines escarpées des environs du Rove. Je tombais, je me blessais, je cassais les machines, on réparait tout dans le garage de mon père et on recommençait les mêmes conneries le surlendemain !

Quand j'ai 14 ou 15 ans, à l'approche de l'été, avec Fred, je pars en colonie de vacances. Mes parents ont décidé de me payer quelques jours de vacances sur l'île de Beauté. Cela tombe bien, je ressens comme un besoin de couper les ponts avec la pression de l'école, la famille et le karaté que je pratique déjà en compétition. Je découvre le plaisir de naviguer en catamaran mais ne boude jamais l'idée de faire les quatre cents coups ou le pitre avec mon meilleur ami du moment. Un jour, je me retrouve tout seul en pleine mer, face à la plage du Lodo, non loin du désert des Agriates, à quelques minutes par la mer de Saint-Florent. Je me retrouve à la barre d'un petit Zodiac que j'ai discrètement « emprunté » au club nautique, sans aucune autorisation, il va de soi. Panne sèche ou défaillance mécanique, je ne sais plus, mais le moteur tombe en rade, mon pote navigue de son côté sur une sorte de bateau Hobie Cat. La nuit tombe. Nous voilà plantés au milieu de nulle part dans une zone déserte, à faire d'immenses signes des mains à un motor-yacht de passage. L'équipage finira par nous ramener à bon port. Inquiet et exaspéré par notre comportement, le directeur du centre de vacances décide de nous rapatrier *illico presto* et de façon prématurée à Marseille, mon compagnon d'infortune et moi. Nos parents font la moue, ils sont furax. On en rigole encore.

4

Le combat de trop

« Toutouyoutou ! » Cette expression me fait sourire mais elle me vient à l'esprit chaque fois que je pense aux années 1980. C'est encore la mode des couleurs flashy, de l'aérobic et du fitness. Mes parents ont eu beaucoup de flair. À cette même époque, ils ont créé au Rove ce complexe baptisé sobrement Fitness Club. Vous vous rappelez ? Mon père est entrepreneur dans l'âme, maman a toujours pratiqué des activités sportives et adore le contact. Naturellement, elle s'occupe de ce club et gère un business qui tournera à plein régime pendant plusieurs années.

Minot, vers l'âge de 4 ans, je prends l'habitude de l'accompagner dans ce haut lieu du sport le week-end ou en sortant de l'école maternelle. Je m'y sens à l'aise. J'apprécie particulièrement cette ambiance conviviale, ludique et sportive. Dans les cours collectifs, je ressens comme une admiration pour toutes les personnes qui s'activent au rythme de la musique et prennent soin de leur physique. Et au cœur de l'espace de musculation, les sportifs sculptent leur corps avec grâce et rigueur en soulevant de la fonte à longueur de journée. Le cliquetis des poids, les grondements étouffés et les encouragements passionnés se mêlent en une symphonie unique, donnant naissance à une ambiance exaltante et réconfortante. Je ne sais pas pourquoi mais cette atmosphère me donne envie de pratiquer un sport. Aujourd'hui encore, dès ma journée de travail achevée, je rejoins tous les soirs un club pour une session de crossfit avec ma femme et des amis.

Besoin de bouger, de m'exprimer. À partir de 6 ans, ma mère m'inscrit dans un cours de karaté. Je retrouve mon cousin et des copains de classe tous les mercredis après-midi dans la salle des fêtes du Rove. Au début, c'est dur. Je suis petit, pas vraiment affûté et encore un peu « bouboule ». J'apprends l'ordre, la rigueur et quelques prises. Mais au fil des semaines, mon assiduité est mise en défaut. J'y vais une fois sur deux, puis une fois sur trois. Je préfère parfois m'amuser avec mes amis du village. Ma mère s'interroge et décide d'interrompre brutalement mon inscription au club de karaté.

— Tant pis pour toi, me déclare-t-elle.

Une année scolaire passe, je dois avoir 7 ou 8 ans. Sans que je sois encore devenu un fan de ce sport, le karaté me manque un peu. À la rentrée, je redemande à ma mère de m'inscrire au club.

Elle s'étonne.

— Franky, tu es bien sûr de toi ? Si je t'inscris, que je paie un abonnement, tu iras bien en cours toute l'année ?

— Oui, maman, cette fois, c'est promis !

Comme tous les gamins du même âge, j'ai bien tenté une ou deux fois de sécher une séance de karaté. Parfois, je n'ai pas envie d'y aller, je préfère rester chez moi, construire des cabanes avec mes copains de l'école. Maman n'a rien voulu savoir, elle ne m'a pas laissé le choix. Au fil des mois, je prends goût à la pratique du karaté. J'apprécie la rigueur des tatamis. Mon cousin a décroché en cours de route. Tant pis pour lui. J'ai un super professeur, il s'appelle Jacky Hœllerer, est ceinture noire et deviendra mon mentor. Il est juste, pédagogue et directif à la fois. Les élèves l'apprécient. Cette époque est un moment clé de mon cursus d'athlète car c'est cet art martial qui m'a donné la passion du sport, l'amour de l'effort et de la combativité. J'en suis heureux.

Aux prémices de mon adolescence, à 11-12 ans, mon mental change. Le cours de Jacky se révèle bien plus qu'un simple enseignement martial. Il est le creuset où les graines du courage, de la discipline et de l'estime de soi sont semées, où les liens d'amitié se tissent et où l'esprit de compétition naît. Je comprends aussi que cet art martial va me permettre de transformer mon corps, mes aptitudes physiques : je me mets à faire des abdominaux, des pompes, à courir tous les soirs. Mon corps change. Je suis beaucoup plus assidu aux entraînements, je me rends au club trois à quatre fois par semaine et finis par m'inscrire dans des compétitions.

Au début, c'est gentillet. Les combats se déroulent entre les deux ou trois clubs du quartier, je suis doué. Puis le niveau monte d'un cran, je pars affronter quelques pointures sur les dojos de Marseille. Je me prends au jeu et revendique des victoires dans le championnat de Provence qui est à cette époque le plus grand vivier de champions de la discipline. Généralement, le champion de cette région termine champion de France ! Comme je suis plutôt lourd, je me retrouve souvent avec des adversaires beaucoup plus grands que moi. Je prends des coups, c'est difficile, je suis petit et trapu, même si j'affiche beaucoup de vitesse et de souplesse. Je suis beaucoup plus entraîné et fort qu'eux. Mais il me faudra beaucoup de temps pour progresser et accepter les règles de l'arbitrage…

Le karaté est un sport parfois ingrat au niveau des règles d'arbitrage et des calculs de points. Les victoires ne sont jamais nettes. J'en ai souvent souffert. Quand tu effleures ou que tu touches à peine l'adversaire, on va te dire que c'est brouillon ou, au contraire, quand tu as tapé vraiment trop fort, tu prends des pénalités à répétition. J'ai toujours été passionné par ce sport mais je n'aime pas perdre. Je ne suis pas de mauvaise foi, je n'ai pas la défaite dite « mauvaise » mais je me bats jusqu'à la mort. Je le dis souvent : plutôt crever que perdre. Franky Zapata n'a pas de limites !

L'année de mes 16 ans, je m'inscris à un tournoi près de Marignane. Rien ne va bien dans ma vie, je connais de graves difficultés à l'école, je n'ai encore aucune idée de mon avenir. Le sport demeure un véritable exutoire. Je bats le fils d'un professeur du club, un champion de karaté qui habite dans le quartier et est inscrit dans une catégorie supérieure. Je termine troisième du tournoi et j'arrive ultra-confiant dans ma catégorie qui rassemble mes adversaires du même âge. J'ai alors tout pour gagner…

Quelques mois avant ce fameux tournoi de karaté, je me revois en train de préparer ma ceinture noire. Mon professeur a exceptionnellement obtenu une dérogation pour que je puisse la passer avant la date anniversaire de mes 16 ans. Je me suis entraîné physiquement comme un fou et j'ai pris sur moi pour assimiler les connaissances théoriques ; moi, le dyslexique. À la dernière minute, le passage de la ceinture est reporté par respect pour le président de la ligue qui est décédé quelques jours auparavant d'une rupture d'anévrisme. J'arrive donc à ce tournoi avec ma ceinture marron et avec l'objectif de finir parmi les meilleurs de Provence pour obtenir ce précieux sésame.

En quart de finale, je tombe sur un redoutable adversaire, un certain Chouraqui. Je le connais bien, il est vice-champion d'Europe en titre. Le combat est décisif car il détermine une hypothétique qualification au championnat de France. Je suis remonté, je veux gagner pour passer au niveau national. Dès les premières minutes, j'esquive habilement ses attaques, ma maîtrise de la distance et de la tactique me permet de contre-attaquer avec une redoutable efficacité, je collectionne les coups précis, je domine au nombre de points.

Merde ! Je viens de le toucher au visage, je prends deux points de pénalité. Nous voilà revenus à égalité, on repart à zéro. Tout d'un coup, le bougre roule par terre, il semble saigner du nez. Avec du recul, je pense que c'est un coup de bluff. Notre Chouraqui est un excellent comédien des tatamis. Verdict : je suis disqualifié !

Le sang me monte à la tête, je pique une colère noire. Je me vois encore jeter les gants à la tête de l'arbitre. Les officiels déchirent alors mon passeport sportif de la Fédération française de karaté. Pas de ceinture noire non plus. Ce sera bel et bien le dernier combat en compétition de karaté de toute ma vie !

Les doutes m'envahissent alors. Le karaté n'est peut-être pas fait pour moi ? Je le répète souvent, je ne suis pas grand, je ne suis pas très fin. Dans ma catégorie, j'aurai toujours en face de moi des adversaires avec, au bas mot, vingt centimètres de plus.

Dans le club de fitness de mes parents, une activité attire toute mon attention. C'est le full-contact, un sport de combat qui s'est développé dans les années 1960 aux États-Unis et arrive dans l'Hexagone. Tous les coups, même de pleine puissance, sont autorisés au-dessus de la ceinture : de face, au thorax et sur les côtés du buste. Seuls les coups portés dans les jambes, derrière la tête et dans le dos sont totalement prohibés. Là au moins, on ne va pas me disqualifier car frapper, n'ayons pas peur de le dire, c'est le but ! Je découvre alors ce sport viril, pratiqué par des hommes entre 30 et 40 ans. J'ai 16 ans, je vais me régaler. À chaque séance, on finit par se mettre sur la gueule, ces types beaucoup plus âgés et moi. Mais j'arrive à obtenir un bon niveau technique. Il faut dire que mon professeur est un orfèvre : il a été vice-champion d'Europe de la discipline par équipe. J'ai un super physique, je me suis toujours beaucoup plus entraîné que les autres. C'est toute ma force !

À cette époque, je compte me mettre à la compétition de full-contact pour oublier mon épisode douloureux de karaté. Gamin, je ne voyais pas le sport sans la compétition. J'ai évolué dans des univers où quand tu pratiques un sport, tu t'engages en compétition. Tu n'as pas le choix. Mais ce projet n'ira jamais plus loin car je vais bientôt flasher sur un autre sport individuel. Radicalement différent.

Au même moment, j'ai lâché l'école et les études. Mon père l'ignore. Je me cherche encore, je ne sais pas de quoi sera faite ma vie et, par-dessus tout, j'ai rompu avec ma petite amie de l'époque. C'est une période compliquée. Pour tuer l'ennui et fuir les problèmes, je monte skier le week-end dans la jolie station d'Orcières-Merlette, dans les Alpes du Sud. Sur les pistes, une rencontre va bouleverser le cours de ma vie.

5
En mode snowboard

Les premières lueurs de l'aube caressent timidement les sommets des montagnes d'Orcières-Merlette, dans les Alpes du Sud. Les flocons de neige virevoltent. Nous sommes arrivés dans la nuit en voiture depuis Marseille. L'air est vif et pur, je vibre déjà à l'idée de dévaler les pentes abruptes de cette station de sports d'hiver que je connais presque comme ma poche. Mes parents ont eu la bonne idée de devenir propriétaires d'un pied à terre dans les Alpes il y a plusieurs années. Plus tard, ils vont m'acheter un appartement en piteux état que je rénoverai, avec l'aide de ma maman, de A à Z, étant devenu un roi de la maçonnerie et du placo. Tout petit, je commence le ski en prenant des cours collectifs, je passe le flocon puis les différentes étoiles qui animent les séjours de sports d'hiver pendant les vacances scolaires. Je prends vite goût à la glisse et, même si je n'ai pas encore eu l'occasion de m'engager en compétition de ski , cela m'amuse. Plus tard, adolescent, je prends l'habitude d'aller à la montagne le week-end avec mes amis, comme Fred. On descend les pistes à toute berzingue, on finit le soir en boîte de nuit. À partir de mes 18 ans, je profite aussi de mon permis de conduire et bientôt, à 20 ans, de ma New Beetle pour venir à la station. Au passage, je fais quelques dérapages contrôlés sur la glace et les chemins enneigés…

Durant l'hiver 1995, j'ai comme une révélation. Pour la première fois de ma vie, je tente une nouvelle expérience : le snowboard. Cela va parfaitement avec mon caractère un tantinet rebelle et plutôt hyperactif.

Dès les premières descentes, je me dis : « Ce sport de glisse est fait pour moi ! » Là-haut, sur les pistes, dans la poudreuse, je m'abandonne corps et âme à l'ivresse de la glisse. Chaque courbe, chaque saut, chaque instant passés sur ma planche se transforment en un plaisir absolu. C'est indescriptible comme sensation. En bas dans la station, je fonce droit dans un surf-shop, je m'achète une planche de snowboard flambant neuve. J'apprends à affûter les carres avec un angle de 89 degrés et à farter la planche. Cette même année, j'ai le privilège et la chance de rencontrer un type vraiment sympa. Passionné comme moi par la glisse et la vitesse, ce jeune rider est le champion du monde en titre des moniteurs. Le courant passe entre nous. Je prends l'habitude de m'entraîner avec lui et ses copains de la région, en slalom et en *boarder-cross*. Je commence à avoir bon niveau de snowboard. Mon gabarit, ma force et ma forme physique y contribuent certainement.

Je remporte plusieurs compétitions de snowboard. J'ai trouvé (enfin) ma voie car après maintes réflexions, le karaté ne semblait pas tout à fait pour moi. Encore une fois en raison de ma taille. Le full-contact non plus car au Rove, les sportifs qui le pratiquent sont relativement âgés, ils ne participent pas à des compétitions régionales. Pour moi, c'est le hic. Pour participer à des tournois de full-contact, j'aurais dû m'éloigner et me tourner vers des communes comme Gignac. Mais dans ces clubs de full-contact se retrouvaient en majorité des racailles, des petites frappes ou des personnes qui ne pensaient qu'à une chose : taper et t'éclater la tête !

Je me perfectionne donc en *boarder-cross* et participe à plusieurs entraînements collectifs. Je m'inscris également à ma première compétition régionale dans une autre station des Alpes. Quelques jours avant ce rendez-vous, lors d'une descente d'entraînement, je sors à pleine vitesse de la piste glacée et heurte de plein fouet les filets de sécurité. Les pisteurs et services de secours arrivent aussitôt. Aux urgences, on me diagnostique un sérieux traumatisme crânien. Ce sera le premier d'une longue série, je vais devenir malgré moi, au fil des années, un abonné des urgences, un collectionneur de radios et de scanners ! Je reste toute la journée à l'hôpital.

Ma mémoire a effacé cinq ou six mois de ma vie. Je ne me souviens même pas de mon évacuation en traîneau, des kilomètres en ambulance sur les routes sinueuses des Alpes, jusqu'au service des urgences. Je n'ai rien dit à ma mère, j'ai juste évoqué un gros « bleu » au visage pour obtenir un accord de sortie car je suis à cette époque encore mineur. Un ami un peu plus âgé qui a le permis de conduire vient me chercher directement à l'hôpital.

Les médecins sont formels : interdiction de pratiquer le sport pendant au moins un mois. Le lendemain ou presque, je rechausse mon snowboard et dévale de nouveau les pistes enneigées des Alpes du Sud. Je suis dingue, inconscient mais tenace !

Malheureusement, aucun personnel de santé n'a voulu valider le certificat médical m'autorisant à participer à cette fameuse compétition de surf des neiges. C'est pourtant la toute dernière manche régionale de la saison. Dans quelques jours, les températures vont monter, la neige va fondre et les stations de ski vont fermer les unes après les autres. Dommage pour ma saison de snowboard car je me suis entraîné pendant plusieurs mois. L'hiver 1995-1996 ? Une période à oublier.

Pas grave, je reviendrai en snowboard l'hiver prochain. En attendant, il va falloir trouver pour cet été une autre discipline sportive.

6

« Tu n'es pas fait pour les études » !

Et l'école ? Entre nous, cela n'a jamais été totalement mon truc. Pourtant, petit, je n'étais pas à proprement parler considéré comme un tire-au-flanc ni même un bagarreur et encore moins un chahuteur. J'étais même plutôt assez travailleur en classe primaire. Ni bon ni mauvais, du moins au début. Mon établissement se situait à Châteauneuf-les-Martigues, à quelques minutes de ma ravissante maison du Rove. Ma maman m'y déposait tous les matins ou presque. Pour l'anecdote, l'école n'était qu'à quelques minutes du site, en bordure de l'étang de Berre, qui deviendra le siège de ma société Z-Air en 2022. Une belle revanche quelque trente-cinq ans plus tard !

Je faisais de mon mieux, niveau scolaire, pour assurer le minimum et surtout passer dans la classe supérieure. En y réfléchissant bien, je voulais tout bêtement faire plaisir à mes parents ! Eux avaient arrêté l'école très tôt ; mon père, autour de 13 ans pour être maçon avant de devenir l'un des plus importants entrepreneurs en bâtiment de la région de Marseille. Une très belle réussite pour ce descendant d'immigrés espagnols. Même parcours pour ma mère qui n'a pas dépassé la cinquième et, super impliquée, me faisait réciter les leçons de français et résoudre des équations en mathématiques tous les soirs en revenant de l'école. Ma chère maman, un vrai ange, s'est toujours dit « affectée » par le fait qu'elle n'avait pas pu, dans sa jeunesse poursuivre très longtemps ses études…

Puis je suis rentré en sixième. Je devais avoir 11 ou 12 ans, c'était l'année même où triomphait sur les écrans l'opus 2 du film aujourd'hui culte *Retour vers le futur 2*. Avec du recul, je dois avouer que cette période a marqué un important changement dans mon développement personnel, dans ma construction d'adolescent et de jeune adulte. Je pense avoir rapidement été confronté à la méchanceté des professeurs. Que les humains peuvent être mauvais ! Je fournissais le maximum d'efforts, mes parents me poussaient, et je donnais tout ce qui était en moi.

Toujours à cette période, je me rappelle avoir perdu confiance, eu des doutes sur mes capacités intellectuelles pour finalement sombrer au niveau scolaire. Mes notes de dictée n'étaient vraiment pas terribles. Après plusieurs zéros pointés, j'ai connu de vraies périodes de découragement. Les médecins avaient depuis longtemps détecté chez moi une dyslexie, une dysorthographie, même. Il m'était très compliqué d'achever une rédaction sans aucune faute. En toute logique, je le vivais très mal. Impliquée, ma maman a, une nouvelle fois, tout fait pour me soutenir mais le niveau est rapidement devenu trop élevé pour elle. Et mon paternel travaillait sept jours sur sept comme un fou sur les chantiers de la région de Marseille !

À mes yeux, je faisais pourtant des rédactions de dingue, pleines de rêves et d'idées farfelues. Mes copines, elles, avaient de sacrées notes : 17, 18 et parfois plus. De mon côté, je naviguais entre 7 ou 8/20, grand maximum. Je me rappelle avoir plusieurs fois lu leurs copies et n'avoir pas trop aimé, en toute objectivité, bien sûr. Je crois même que cela m'a rendu plusieurs fois furieux !

Mes professeurs de l'époque n'appréciaient pas trop mon caractère et ma personnalité atypique. J'ai pu le vérifier à l'occasion du brevet blanc, en classe de troisième, où j'ai obtenu la meilleure note de la classe, et peut-être bien de tout le collège. Ce n'était pas les enseignants habituels de mon école qui notaient les copies. Un beau pied de nez à tous ceux qui refuseront, quelques jours plus tard, mon passage en classe de seconde.

« Fin des votes. Franky est votre nouveau délégué de classe. » Grimace de notre professeur principal ! J'en rigole toujours. Au collège de Martigues, j'avais la chance d'être entouré par une ribambelle de potes et de profiter au même moment d'une popularité grandissante au sein de ma classe, au grand dam des professeurs qui finiront par me détester et ne pas comprendre mon esprit un tantinet hors norme. Entre-temps, j'ai changé de comportement et je mets régulièrement le bordel dans les cours. Avec mon caractère trempé et ma grande gueule, j'ai fini par me mettre tous les profs à dos.

Ce changement de tempérament coïncide avec mes débuts en compétition de karaté. Ce sport de combat, je le pratique à haut niveau plusieurs années dans mon club du Rove. Cela me permet de renforcer ma force musculaire, de prendre du poids, de l'assurance, et surtout de mieux encaisser les premiers coups de ma future vie d'adulte…

Début juin, il fait une température caniculaire à Marseille, on frôle les 35 degrés à l'ombre. Alors que les vacances arrivent à vitesse grand V, je dois encore penser à mon orientation. Grâce à une volonté de fer, j'ai réussi à obtenir une moyenne supérieure à 12 au brevet des collèges. C'est bien au-delà de mes espérances, j'en sors ravi et rassuré pour la suite de mon cursus. Le passage en classe de seconde consiste à mes yeux en une simple formalité. Logique quand on vient d'obtenir ce précieux sésame, non ? Je me vois déjà au lycée avec Fred et je me fais une grande joie à l'idée de retrouver tous mes potes pour des vacances d'été bien méritées au soleil. Programme à venir : faire des bombes dans la piscine familiale et rouler en minimoto dans les collines du Rove ! Mais le conseil de classe en décidera autrement. Alors que j'ai réussi presque haut la main l'épreuve du brevet, il refuse catégoriquement mon passage en seconde pour des questions de moyenne au contrôle continu et surtout pour ce qui s'apparente à un problème de comportement. Déception totale !

— Non, tu ne peux pas redoubler. On considère que tu n'es pas fait pour de longues études…

— Pardon, cela veut dire ?

— Cela veut dire que tu ne passes pas en seconde, tu dois choisir un métier !

C'est vrai que j'avais rencontré quelques difficultés. Avec la montée des hormones, je suis devenu un peu arrogant, avec un fort caractère en mode « sudiste ». Mais de là à quitter la voie classique et choisir une voie professionnelle… pas question ! Je considère ce conseil de classe comme une véritable injustice, du vol, même !

J'en parle à quelques amis, à mes parents aussi qui, de guerre lasse, vont me guider vers une nouvelle voie. Claude, mon père, était maçon de formation. Cela lui a permis de s'en sortir, de survivre puis de monter une très belle affaire. En toute logique, et peut-être inconsciemment pour lui faire plaisir, je choisis donc de m'inscrire dans un BEP section maçonnerie. C'est un métier que je connais bien. Souvent, le week-end, j'accompagne mon paternel pour des extras sur les chantiers de la région. Nous optons pour le lycée Denis-Diderot. L'établissement se situe à Marseille, à une vingtaine de kilomètres de notre maison du Rove. Il faut plus d'une demi-heure pour le rejoindre en voiture. Dommage pour tous mes potes du village et ceux que je fréquentais au collège de Châteauneuf-les-Martigues ; ils vont très vite me manquer !

7

L'hélicoptère, un rêve inachevé...

— Putain, mais qu'est-ce que je fais là ?

À l'automne 1993, me voilà dans ce lycée professionnel de la banlieue de Marseille, à la fois gris, terne, gigantesque, mais surtout éloigné de tous mes amis d'enfance. J'ai aussi l'impression de vivre sur une autre planète. Je vais rapidement déchanter et regretter ma campagne. Ce n'est pas méprisant de le dire mais j'ai d'abord cru que les autres élèves du BEP avaient arrêté net l'école dès l'âge de 8 ans. Comprenez : ils étaient complètement incapables de faire une addition, encore moins de résoudre une soustraction. Je n'accroche pas avec mes nouveaux camarades de classe, ces petites frappes des banlieues. Entre les cours, ils fument des pétards, arrivent défoncés en classe et se contrefoutent de leur BEP. Je considère ne rien avoir en commun avec eux, je ne viens pas du tout de leur monde. Contrairement à la plupart d'entre eux, j'ai toujours été attiré par l'univers du sport, je n'ai jamais fumé, pris de drogue ni bu d'alcool. À l'école, j'ai parfois été le « petit con » de service mais j'étais toujours été quelqu'un de droit. Aujourd'hui, c'est la même chose. Cela ne changera jamais, je vous l'assure !

Au niveau scolaire, dans cette classe du lycée pro, je n'apprends rien, je m'ennuie. À l'approche de l'hiver, je commence à sécher les cours, mes parents n'en savent encore rien. Depuis fort longtemps, je bosse le week-end avec mon père pour rénover ou construire des maisons sur des terrains qu'il a achetés grâce à de confortables revenus et un immobilier encore abordable dans le Sud.

Été comme hiver, je me vois encore en train de faire du ciment ou de l'aggloméré à longueur de journée, de rouler en estafette pour rejoindre les chantiers de mon père. À cette époque, je connais bien le métier et possède déjà une solide expérience d'apprenti. Je prends goût au bricolage, je suis débrouillard.

En juin, arrive l'examen de fin d'année en première année du lycée. Le challenge est simple : tu dois simplement poser cinq blocs d'aggloméré les uns sur les autres, les ferrailler et les enduire. Des gestes que je maîtrise depuis fort longtemps. Je fais part de mon énervement à mon père.

— Papa, je ne vais pas continuer mon BEP, je n'apprends rien du tout !

J'ai alors 15 ans. Mon père pique une énorme colère et réplique rapidement que je n'ai pas l'âge légal pour quitter l'enseignement.

— Franky, tu retournes au lycée à Marseille !

Comme toujours dans les moments difficiles, ma maman me soutient face à un père assez dur avec moi. Ma mère est un ange, elle a toujours été là pour moi, sans faillir.

Elle en viendra à me dire :

— Écoute mon fils, je sais que ton père est totalement contre mais si tu ne veux pas, c'est ta décision. C'est ton propre choix et je peux le comprendre. Alors, arrête l'école si tu le souhaites ! En revanche, arrange-toi pour te cacher, ton père ne doit pas être au courant.

À l'approche de mes 16 ans, commence alors ce que je considère aujourd'hui comme une sorte de descente aux enfers. Pendant plusieurs mois, je traîne à la maison, je tourne en rond. Je ne mets plus les pieds dans la cité phocéenne et passe des journées entières recroquevillé dans ma chambre. Mon père n'y verra que du feu. Il part travailler aux aurores. J'ai aussi la chance de vivre dans une maison très grande avec de nombreux recoins pour m'y cacher. Mais que vais-je devenir ?

Ce petit jeu dure plusieurs semaines. Trop longtemps peut-être. Ma vie est un peu ratée mais je n'ose rien dire à mon paternel. Ma mère en souffre et finit un jour par se confier :

— Franky, tu aimes quoi dans la vie ? Que veux-tu faire plus tard ? Tu songes à quoi ?

— Maman, je veux voler !

Rien d'étonnant pour elle en somme. Depuis ma tendre enfance, je suis passionné par les avions, les fusées, les engins en tout genre. Tout ce qui vole me fascine, j'ai les yeux rivés vers le ciel.

Coup de chance ou signe du destin ? Maman a entendu parler d'une école de pilotage dédiée aux hélicoptères à Marignane. Une grande partie de l'industrie aéronautique française est née dans cette cité du sud de la France, dans les années 1930, qui est aujourd'hui le fief de la société Airbus Helicopters.

Cela tombe bien, le tarmac se trouve à quelques minutes seulement de la maison. Sans rien dire, une nouvelle fois, à mon paternel et en toute discrétion, elle casse sa tirelire et m'inscrit à mes premiers cours de pilotage. La somme est rondelette mais elle voit dans mes pupilles une énorme motivation. Je viens tout juste d'avoir 16 ans, l'âge requis pour pouvoir prendre les commandes d'un tel engin.

Je suis comme un fou, me voilà enfin dans un monde qui m'attire. Je pense avoir trouvé ma voie.

C'est LA révélation ! Tout se déroule à merveille, mon instructeur est sympa. Il me trouve plutôt doué, sérieux et attentif. De retour dans ma chambre, toujours à l'abri du regard de mon père, je dévore les manuels de pilotage dédiés aux hélicoptères civils à longueur de journée. Et j'apprends vite !

Un jour, à l'issue d'un vol d'entraînement, le responsable des formations à la base aérienne de Marignane vient me voir.

— Franky, il va falloir que tu passes une visite médicale, c'est obligatoire, si tu veux obtenir un jour ton brevet de pilote.

J'acquiesce, persuadé qu'il s'agit d'une simple formalité. Quelques jours plus tard, je fonce, les yeux fermés si j'ose dire, dans le cabinet d'un médecin agréé en « aéronautique ». C'est un hôpital militaire, deux troufions de l'armée de l'air, je pense, contrôlent l'entrée avec un Famas. L'ambiance rappelle celle d'une caserne. On me parle d'une radio des poumons, on me prévient que toute trace suspecte serait rédhibitoire. Je dois aussi posséder une excellente vue pour piloter, c'est la règle dans l'aviation professionnelle. Aucun risque selon moi : je ne fume pas, je ne bois pas, je fais du sport tous les jours, j'affiche une forme olympique et je possède une vue de lynx !

Lors des premiers tests ophtalmologiques, le personnel médical s'aperçoit en quelques minutes que je suis daltonien. C'est vrai que depuis tout gamin, j'ai des problèmes avec les couleurs. On se moquait souvent de moi pendant les goûters d'anniversaire. Je pensais toujours que la pelouse du jardin était marron ! Entre nous, je n'ai jamais su que c'était une maladie, encore moins un frein pour devenir pilote professionnel d'hélicoptère. Et pourtant !

— Docteur, dites-moi que ce n'est pas grave si je ne vois pas les couleurs, l'essentiel, c'est bien de savoir où l'on va, non ?

Je revois encore la tête du médecin militaire. Il grimace.

— Si, jeune homme, je vous confirme. Vous êtes daltonien, vous ne pourrez pas passer le brevet de pilote. C'est un facteur éliminatoire. Je suis totalement désolé pour vous…

La sentence tombe. Je me fige. Mon monde s'écroule et, en même temps, mon rêve de gosse. Celui de voler et de me rapprocher un peu du ciel et des étoiles.

Allez savoir pourquoi, tous les ennuis s'enchaînent. La semaine semble maudite. Cela sent le roussi. J'ai rompu avec Laetitia, ma petite amie de l'époque que j'avais rencontré à l'école. Retour à la case départ ! Plus de copine, plus de projets professionnels et mon père va vite s'apercevoir de la supercherie, de cette histoire d'hélicoptère et d'école buissonnière… Vous imaginez la suite ?

Je viens de recevoir une nouvelle claque et, du jour au lendemain, alors que j'ai arrêté l'école, me voilà obligé de retourner bosser avec mon père en tant que maçon. Le désarroi me gagne...

Deux ou trois jours plus tard, mon père m'attrape. Il se doute de quelque chose :

— Franky, je sais que tu ne vas plus en cours. Alors, tu vas apprendre ce métier, mais réfléchis bien cette fois ! Tu as 16 ans, tu vas travailler dans cet univers difficile de la construction et du bâtiment toute ta vie. C'est-à-dire jusqu'à tes 80 ans ! Tu es vraiment sûr de toi ?

— Papa, je suis prêt !

Me voilà du jour au lendemain manœuvre maçon, cette fois à temps complet, dans la société familiale et plus seulement comme extra.

Dans les années 1990, l'entreprise de travaux publics de mon père est prospère, les commandes tombent en cascade. Les chantiers ne manquent pas jusqu'à ce que la société Zapata devienne une référence dans les Bouches-du-Rhône. Mon père est comme moi aujourd'hui : un sacré bosseur. Il est passionné par son métier, les rencontres avec ses clients et ses fournisseurs. Il ne compte pas ses heures. Parmi ses employés figure mon oncle Richard, de dix ans plus jeune que mon père. Richard, c'est un peu son fils spirituel. C'est aussi mon parrain.

Quand j'étais gamin je l'admirais. Il m'emmenait souvent faire du motocross – en version PeeWee – dans les champs autour du Rove. On rigolait bien. Mais entre-temps, Richard est devenu l'employé de mon père. Son poste : chef de chantier. Dans sa tête germe probablement l'idée de devenir le big boss des travaux publics et de diriger un jour la boîte de son frère. Quand j'arrive dans l'entreprise il fait tout pour que je parte ! Sa crainte ? Que je reprenne un jour, moi, petit Franky, les rênes de l'entreprise. Du coup, il me fait la misère. Je n'exagère pas, c'est le mot juste. Les ordres tombent : « Fais ci, fais pas ça, casse cela. » Il finit par être très dur avec moi dans le boulot, bien loin de son image de « parrain adoré ». Je crois avoir travaillé encore plus que tous les manœuvres de l'entreprise, qui sont pourtant bien plus âgés que moi. Le temps a passé et plusieurs décennies plus tard, je ne comprends toujours pas son attitude. Je lui en veux toujours. Nous avons eu l'occasion de nous croiser une ou deux fois pour des fêtes de famille, notamment lorsque j'ai remporté un titre de champion du monde de jet-ski, mais nos rapports sont distants, au grand dam de mon père…

Disons-le. J'ai plein de défauts mais je ne me considère pas comme un feignant ou un tire-au-flanc. J'ai toujours été hyper-sportif et physiquement en forme. À cette lointaine époque, les manœuvres de 40 ans, je les mangeais ! Dans le boulot comme en compétition, tu peux toujours essayer de me mettre à l'épreuve. Je ne lâche rien, je finis toujours par gagner. « *Never give up* » (Ne lâchez rien), répètent les Américains !

Dans ma gamberge, je me dis que tout ne va pas si mal. Je tripatouille la truelle de maçon six jours sur sept, je pratique le karaté à haut niveau presque tous les soirs et je finis par encaisser tous les chocs grâce aux combats sur les tatamis et à la pratique de plusieurs sports d'endurance comme la course à pied et le vélo. Je suis en paix avec moi-même car je n'ai plus de devoirs à faire ou de comptes à rendre à quiconque.

Un soir pourtant, alors que je suis de retour à la maison, mon père m'attrape une fois de plus. J'ai les mains encore pleines d'ampoules et de sang, mon tee-shirt est déchiré et sale, couvert de poussière de ciment

— Franky, il faut qu'on te parle !

— J'ai discuté avec ton oncle. Il paraît que tu ne fous rien sur le chantier, tu ne prends aucune initiative, tu passes ton temps à te planquer derrière les murs.

Je tombe de ma chaise, je ne m'attendais pas à cela. Je m'en souviens bien, j'ai fini par péter littéralement un plomb !

— Papa, tu sais quoi ? Demain à 8 heures, on va aller voir le maçon avec qui je bosse et tu vas lui poser la même question !

Je n'ai pas bien dormi, les images de chantier, de labeur, ont défilé dans ma tête. À 7 heures du matin, on est allés voir mon collègue de travail.

— Franky ? Il bosse plus que tout le monde, il est doué et ne regarde pas sa montre. Je dois en permanence l'arrêter !

— Papa, tu vois bien. Cela fait plus de trois mois que je te dis que tonton me fait vivre un enfer, qu'il y a un problème. Alors viens, on va aller voir parrain pour lui parler et crever l'abcès. J'en peux plus !

Mon père hésite puis fini par lâcher :

— Franky, je ne veux pas de problèmes de famille dans ma société, je vais essayer de lui en parler. D'homme à homme.

À mon grand regret, papa n'aura jamais avec lui cette discussion. Et l'histoire perdurera plus de deux mois et demi.

Je tente de m'accrocher… Mais avec amertume, je décide de quitter la boîte, de lâcher ce métier qui me plaisait. S'ensuivent des tonnes de doutes, des interrogations. Une nouvelle fois, me voilà mal dans ma peau. Tout ce que j'avais imaginé dans ma vie, depuis que je suis gamin, s'effondre. Après avoir échoué dans l'aéronautique, je me voyais reprendre l'entreprise de mon père. C'est raté ! Quelque chose que je considérais comme un acquis s'écroule comme un château de cartes.

Aujourd'hui encore, je pense que c'est la meilleure chose qui me soit arrivée dans ma vie de jeune adulte. Au fil des années, tous les coups que j'ai reçu dans la gueule m'ont fait progresser. J'ai appris à avoir confiance en moi, à comprendre que la vision que j'avais dans l'enfance était quelque peu déformée par certains adultes. À l'école, on me rabâchait à longueur de journée que j'étais bien en dessous de la moyenne, que je n'étais pas intelligent et vraiment pas doué pour les études. J'ai encaissé les chocs et fini par me forger une sorte de carapace.

Je peux le dire aujourd'hui. Sans mon oncle, mon parcours professionnel et sportif n'aurait jamais été le même. Mais depuis, Richard et moi, on ne se parle plus…

8

La découverte du jet-ski

L'été 1996 arrive à grands pas. J'ai du temps pour moi, je décide de trouver une alternative au snowboard. Je possède une réelle aptitude à la pratique des sports mécaniques depuis que mon papa m'a mis dans les mains, tout gamin, un quad et une moto-cross. Mon idée est de me mettre pour de bon au jet-ski. Il se trouve qu'un modèle de jet à bras traîne depuis longtemps au fond de notre garage. Cet ancien Kawasaki SX 650 prend la poussière. Je devais avoir tout juste 10 ans lorsque mon père l'a acheté. Il dormait souvent sur la plateforme arrière de son bateau à moteur. En famille, on naviguait, à la belle saison, du côté du port de l'Estaque dans le nord de Marseille pour des petites croisières ou des balades à la journée. Personne dans la famille n'utilisait le scooter des mers, ou sinon de manière basique, à genoux, sans faire de virages ni se mettre debout. Laetitia, avec qui je viens de rompre, est la sœur jumelle de Sabrina Ormas. Contrairement à mon ex qui est une grande fan d'équitation, sa sœur préfère les sports mécaniques et le bruit des moteurs deux-temps. Prometteuse, cette jeune pilote et championne est inscrite dans un club de jet-ski installé à Figuerolles, dans les Bouches-du-Rhône.

En pleine période « karaté », je suis allé la voir sur le plan d'eau. Cela m'a donné quelques idées et je trouve ce sport motonautique très attirant. Cela me fait penser à l'esprit du surf et aux grands prix de Formule 1 que je regarde de temps en temps à la télévision. La même année, j'ai eu aussi le privilège d'être invité à Lake Havasu City, sur la côte ouest des États-Unis, pour suivre Sabrina, qui est venue assister au prestigieux championnat du monde de jet-ski de vitesse. C'est un endroit magique, une carte postale *made in USA*, en plein désert et implanté à la frontière entre les États d'Arizona et de Californie. Avant de rejoindre l'événement qui rassemble des milliers de fans, on passe quelques jours à visiter Las Vegas. J'y reviendrai quelques années plus tard, vers l'an 2000, pour vivre le rêve américain et effectuer un road-trip en camping-car en tant que pilote de jet-ski.

Lors de ma première visite à Lake Havasu en 1996, je fais la connaissance de Nicolas Rius. Le pilote tricolore me prête son véloce jet-ski de compétition.

Je me souviens n'avoir pas réussi à tenir à bord très longtemps, surpris par la puissance de son moteur de F1. J'ai les bras arrachés par la puissance du moteur. Celui qu'on surnomme « Rius the fighter » est devenu pilote officiel de jet-ski. Multiple champion de Belgique, de France, d'Europe et du monde. Le *Frenchie* est une véritable star de la discipline, au même titre que Jean-Michel Bayle en moto supercross. Un point commun avec moi ? Nicolas Rius est aussi originaire de la ville Marseille. Il gagne bien sa vie. Entouré par de jolies filles en bikini, il habitait une magnifique villa, avec une piscine à débordement, un Jacuzzi, un gigantesque barbecue et un gros 4 x 4. L'Amérique, quoi ! Petit, tout en muscles et avec ses cheveux décolorés, le pilote français se montre tout aussi exubérant dans la vie que redoutable sur le circuit. Avec les années, « Nico » deviendra un ami, un concurrent en compétition parfois, mais surtout un partenaire fidèle. Il deviendra un distributeur aux États-Unis de mes engins volants lorsque naîtra mon aventure du *flyboard*.

Coup de chance ! Roland, le père des jumelles Sabrina et Laetitia, a choisi de m'offrir une adhésion au club de Figuerolles comme cadeau d'anniversaire. J'ai eu aussi l'occasion de l'inviter aux sports d'hiver avec son épouse et Sabrina, l'année où j'ai été victime d'un accident de snowboard. Ils logeaient dans mon petit appartement. Laetitia, mon ex, n'est pas venue.

Mais je suis resté proche de ses parents. Sur le plan d'eau de Figuerolles, je découvre avec Roland le plaisir d'enchaîner les virages, de slalomer entre les bouées à pleine vitesse. C'est grisant, cela devient facile et assez intuitif. Je me dis une fois de plus : « Je suis né pour ça ! » La suite de ma vie me donnera en grande partie raison…

Dès les premiers tours de circuit, les chronos confirment ma dextérité et un certain talent de pilote.

Autour du circuit, plusieurs jet-skieurs m'interpellent :

— Tu viens d'où ? Tu t'entraînes souvent comme ça ?

— Non, c'est mon premier jour !

— Ah oui vraiment ?

Cette passion naissante me pousse à acquérir une machine flambant neuve. Dans les Pages Jaunes, je déniche Floride Motos, un important concessionnaire Kawasaki de la région qui distribue également des jet-skis. Nul besoin de demander des deniers à quiconque ou de m'endetter car en bossant comme maçon pour l'entreprise de mon père, j'ai pu mettre un peu d'argent de côté. Je jette mon dévolu sur un modèle de jet à bras Kawasaki. Je file m'inscrire à une course régionale à Cavaillon, la capitale du melon, dans le Vaucluse. Mon papa va l'apprendre et piquer une colère monstre. Pour lui, pas question de participer à une quelconque épreuve de sports mécaniques ni de rouler en scooter.

— Même pas en rêve, Franky.

Il craint l'accident et a peur pour ma vie. C'est un énorme paradoxe car, depuis ma tendre enfance, on collectionne à la maison du Rove des motocross et des quads. Et depuis mes 6 ans, on regarde ensemble à la télévision les grands prix et les courses de motocross…

Une fois encore, je n'en fais qu'à ma tête. Je m'en fiche, c'est mon pognon et rien ne m'arrête. Après un rapide rodage et deux ou trois jours sur le circuit, je file à Cavaillon. Je brûle d'envie de participer à une compétition, c'est dans mon tempérament. N'ayant pas encore le permis de conduire, je contacte ma mère pour qu'elle m'emmène. Mon père se fâche et nous menace :

— Si vous partez, ne revenez pas. Je fermerai à clé toutes les portes de la maison !

Maman l'ignore, on part tous les deux dans le Vaucluse, mon jet-ski et une caisse à outils à l'arrière de la voiture. Le jerrican d'essence fuit dans le coffre. J'ai le sourire aux lèvres, j'ai longtemps attendu ce nouveau défi, cette aventure.

Top départ ! Le drapeau du commissaire de course est levé. Dès le coup de sifflet, je me fais surprendre par les mouvements des vagues et la fougue des autres pilotes du championnat régional. J'en prends plein la figure, je ne vois plus rien. Je tombe, je me relève, le stand-up m'arrache les bras. Je galère. Sur le circuit figure Philippe Collorafi, un vieux briscard de la discipline. Pilote trentenaire de jet à bras, il domine la course et a remporté toutes les manches du week-end. Dans le paddock et sur les plans d'eau, tout le monde le respecte et l'appelle Collo. Celui qui deviendra un grand ami, un complice et un coach m'a déjà mis un tour dans la vue et m'observe du coin de l'œil. Collo appartient également au club de Figuerolles, il m'encourage à venir une semaine plus tard tourner sur ce même plan d'eau des Bouches-du-Rhône. On va s'entraîner ensemble et Philippe va m'apprendre les ficelles de ce sport en une quinzaine de jours. Nous nous entendons à merveille.

Dans la débâcle de ma vie scolaire et professionnelle se dessine un nouveau challenge : une épreuve du championnat de France de jet. La course aura lieu à Temple-sur-Lot, une charmante commune du sud-ouest de la France. Mon désormais grand pote Collo me pousse à y participer. Ma mère est partante pour m'accompagner et, comme d'habitude, mon papa désapprouve ma décision. Il finira par « plier » et nous rejoindre afin de soutenir son fils unique chéri.

À Temple-sur-Lot, je suis inscrit en catégorie standard. Les autres participants me regardent avec des yeux bizarres. « C'est qui ce petit con ? » Avec mon Kawasaki SXI, je n'ai pas fait la meilleure affaire de ma vie. Je n'y connais vraiment rien et ce modèle est considéré par certains pilotes comme une véritable « poubelle flottante » face aux nouveaux Super Jet de Yamaha qui effectuent en 1996 leurs premières sorties en compétition. Côté classement, je termine de mémoire à une honorable septième place sur une vingtaine de pilotes. Cela reste encourageant. Mon ami Collo est ravi pour moi.

Puis arrive l'idée de changer de machine, de passer de mon Kawasaki complètement *has been* à une machine de course Yamaha, plus récente et donc plus performante. Problème : je n'ai plus un sou en poche, j'ai tout claqué dans l'achat de mon premier jet-ski. J'ai cramé mon pécule dans les pleins d'essence, l'entretien, les pièces détachées… Mon père fait volte-face. Il me propose de revendre le Kawasaki, un modèle dépassé, et de payer la différence pour me permettre d'acquérir un Yamaha Super-Jet.

— Merci papa !

J'accepte, en toute logique…

Au cours des entraînements, c'est le jour et la nuit. Je gagne en vitesse et en puissance. Les chronos tombent. La saison du championnat de France de vitesse commence par des épreuves dans des régions que je considère, moi, le petit Marseillais, comme le bout du monde ou le pôle Nord. Moins de deux mois après la course en avril à Temple-sur-Lot, je dispute une manche à Niort, dans les Deux-Sèvres, puis une autre compétition plus à l'est, à Pont-à-Mousson, en Meurthe-et-Moselle. Tout se passe pour le mieux. J'effectue trois départs et collectionne trois *holes-hots* d'affilée. Entendez par là que je caracole en tête de la course lorsque la meute de jet-skieurs arrive à la première bouée. La suite est plus délicate : je me fais doubler par un, puis deux pilotes et je me perds dans un circuit composé de bouées rouges et jaunes. Je suis daltonien et connu pour mon grand sens de l'orientation ! Malgré ce déficit de points, je finis par reprendre le leadership dans la troisième et ultime course du week-end. Je la remporte et finis au calcul des points sur le podium de Pont-à-Mousson. Papa me tape sur l'épaule, il arbore un large sourire. Vous vous en doutez, ma joie est immense !

De retour dans le Sud, je profite des longues journées ensoleillées des mois de juillet et d'août pour m'entraîner comme un Spartiate avec mon ami Collo. Mon parcours professionnel et scolaire chaotique me laisse beaucoup de temps libre pour les loisirs et pratiquer un sport de manière assidue. Durant tout l'été, mon objectif principal est de progresser techniquement et de me familiariser avec les bouées, les départs, les accélérations. Je tourne à bloc à longueur de journée sur le circuit de Figuerolles. Avec mon Yamaha, je brûle en moyenne l'équivalent de six pleins d'essence par jour. Tant que cela tourne, je continue ! Sur le plan purement physique, je possède une énorme base. Je fais du sport tous les jours : cardio, course à pied, vélo ou musculation. À fond la forme !

À la rentrée de septembre 1996, il reste encore trois manches du championnat de France à disputer. J'ai calculé : je dois toutes les remporter pour revenir au Rove avec ce précieux trophée.

À la clé, un titre national en catégorie jet standard. Je ne suis pas encore tout à fait prêt. La pression est forte car j'ai de nombreux points à rattraper sur mes deux concurrents : Chirol et Nieto. Ce dernier est, lui aussi, membre du club de Figuerolles. Mon coach Collo ne peut pas le voir.

L'effort paye toujours. Je domine les deux premières courses de la série et arrive en force à Mandelieu-la-Napoule pour l'ultime course du championnat de France de vitesse organisé sous l'égide de la Fédération française motonautique (FFM). Mon ami Philippe est venu me soutenir sur la plage et va même s'engager dans la compétition, dans la même catégorie que moi – standard en jet à bras –, en terminant second pour bloquer, en quelque sorte, mon concurrent direct. Sur le fil, je remporte le titre national avec trois petits points d'avance. Première participation au championnat et premier titre, je deviens en quelque sorte le *Rookie of the year*. Quel meilleur résultat aurais-je pu espérer pour cette première saison en compétition, seulement six mois après mes débuts dans cette discipline ?

Ce jour-là, je me retourne vers mon père et je lui dis :

— Papa, je vais continuer le jet !

9

Profession : pilote de jet-ski

Mon titre de champion de France en poche, je sens que le regard sur moi commence à évoluer dans le petit milieu hexagonal du jet-ski. On me propose de changer de machine et de crémerie en passant de Yamaha à Kawasaki comme lors de ma toute première compétition. À bloc, je décide de m'engager pour la saison 1997 en catégorie F1. C'est la catégorie reine, les moteurs peuvent être modifiés, la mécanique entre beaucoup plus en compte. L'argent aussi. Je compte sur mon physique et mes aptitudes techniques acquises l'année précédente pour affronter les meilleurs pilotes du moment. Lors de la première manche, je prends une claque monumentale. Pascal Barriac, le champion et pilote officiel Kawasaki, me met deux tours dans la vue. Je m'enfonce au classement. Ma confiance en moi est érodée d'un seul coup.

Mon moral est au plus bas car en prime, j'ai eu un parcours personnel très difficile. Je me suis fait virer de l'école en fin de troisième et mes relations avec mon père au sein de son entreprise se sont tendues au fil des semaines. Je suis encore jeune et dans l'incapacité de remonter la pente. Avec le recul, je pense que la saison en F1 et ma carrière sportive en jet-ski auraient pu s'arrêter avant même d'avoir vraiment commencé.

Je viens de sports comme le karaté, le full-contact et le snowboard, où la mécanique n'a jamais compté. En standard, tous les pilotes disposent quasiment de la même machine, à quelques détails près, tout le monde est logé à la même enseigne. Tout ce que j'ai fait dans ce sport, en fait ne vaut rien… Suis-je vraiment doué dans ce sport ?

En parallèle du jet à bras, le constructeur Kawasaki et le concessionnaire Floride Motos m'ont proposé, avant cette toute première course en F1, de rejoindre leur équipe et concourir dans le championnat de France en catégorie endurance. Cette fois, je vais piloter une machine dite runabout, c'est-à-dire un jet à selle et en position assise. Les manches sont plus longues qu'en vitesse et il y a deux pilotes par machine qui se relaient à tour de rôle. Dans le team marseillais, on retrouve Armand Lopez, Stéphane Corachan qui pratique aussi le jet à bras dans mon club de Figuerolles, et Sébastien Pelligrini.

Ce dernier est un excellent pilote d'endurance et d'*offshore*, il deviendra champion du monde en catégorie expert aux fameuses World Finals de Lake Havasu. Il devient mon coéquipier, mon binôme pour toute la saison 1997 en endurance.

Au printemps, la première course de l'année nous conduit vers la Promenade des Anglais, à Nice, avec un beau plateau de pilotes. Le jet-ski est en plein essor aux États-Unis comme en Europe. Les scooters des mers envahissent les plages du littoral, des bases de location ouvrent et le marché français des véhicules nautiques à moteur (VNM) dépasse les 3 000 ventes annuelles. À Nice, le secret a été bien gardé par le constructeur japonais. Nous arrivons sur ma grille de départ avec un nouveau modèle débarqué tout droit du Japon : le Kawasaki STX 1200. C'est la révolution, personne n'est au courant. Puissant, marin et redoutable dans les vagues, ce jet de couleur verte va pouvoir rivaliser avec les Yamaha Rider qui dominaient jusque-là la catégorie. Un fort vent d'est balaie le front de mer, la Méditerranée est déchaînée. Sébastien Pelligrini prend le départ de la manche et part en trombe avec cette nouvelle machine. Mon coéquipier va vite mais pointe encore entre la dixième et la douzième position dans une course largement dominée par Joël Bontoux. Ancien champion de quad et redoutable sur un plan d'eau, le meilleur pilote du moment est engagé sur un Yamaha du team Audemar.

Sébastien revient exténué sur la plage de galets, nous nous ravitaillons en essence, il me passe le relais. Je me vois encore affronter des creux de 3 à 4 mètres, prenant d'énormes chocs et de violents coups dans les bras. À plusieurs reprises, mon masque s'arrache de mon casque, la buée trouble ma vision. Tenir un tel rythme plusieurs tours d'affilée est dément même si je me suis extrêmement bien préparé physiquement. N'oublions pas que c'est seulement ma seconde saison en jet-ski, et mon baptême du feu en endurance catégorie pro. Je remonte peu à peu sur le groupe de tête. Je me dis alors : « Si je me rate au passage des bouées, les autres pilotes de la course vont finir par me passer dessus. » Avec les embruns et les vagues, la visibilité demeure toujours aussi limitée. À l'approche du drapeau à damier, je réussis à doubler Joël Bontoux entre deux bouées. Je prends la tête de la manche pour finir en haut du podium de la Promenade des Anglais. Situation totalement inespérée et belle surprise. Après cette manche de Nice, les médias spécialisés dans le motonautisme parleront de Franky Zapata comme de « la révélation de l'année ».

Dans quelques semaines, en juin 1997, se déroule le championnat du monde de jet *offshore* à l'île d'Oléron, en Charente-Maritime. Oléron est considéré comme l'Enduro Touquet version jet-ski. Sur trois jours, cette épreuve rassemble près de la plage du Douhet, dans le nord de l'île, quelque 400 pilotes venus de toute l'Europe. L'ambiance est sympa, la plage est remplie de camping-cars, vans, tentes, auvents et autres barbecues. Comme dans le surf, les soirées sont animées. Nos drôles de machines attirent un public nombreux. On retrouve quelques people : des boys bands, des sportifs connus et l'animateur de télévision du *Bigdil*, Vincent Lagaf. Pratiquant assidu et véritable ambassadeur du jet-ski auprès des médias, il participera plusieurs fois à l'épreuve oléronaise en tant que pilote et sera aussi l'un de mes premiers clients pour le *flyboard*. À Oléron, les marins-pêcheurs et les ostréiculteurs soutiennent l'événement en mettant à disposition des organisateurs leurs chalutiers et leurs barges flottantes pour la sécurité. Côté course, tous les acteurs majeurs de la discipline sont impliqués et mettent en œuvre d'énormes moyens pour des teams privés ou officiels. Dans le village officiel, on retrouve les marques Yamaha, Polaris, Sea-Doo et bien sûr Kawasaki.

Le constructeur japonais est persuadé que je suis bien meilleur au guidon d'un runabout qu'aux commandes d'un jet à bras. Mon esprit s'accorde aussi à le penser.

— Cela te dirait de participer à Oléron ? Tu veux qu'on te prête une machine ?

— Avec grand plaisir !

— D'accord mais ce sera un runabout, un jet à selle standard…

Sur ces bases, j'envoie mon inscription, une copie de mon permis bateau et ma licence de pilote à l'organisateur de la course. Les jours passent, la date du départ approche. Il faut compter plus de 800 kilomètres en camion et près d'une journée entière pour rejoindre le paddock de l'île d'Oléron *via* l'autoroute et les départementales. Dans mon garage à Marseille, je ronge mon frein. Pas de nouvelles de ma machine, pas de camion de livraison non plus à l'horizon. Je m'inquiète. Mon père qui s'implique de plus en plus dans ma passion du jet-ski fulmine. En fin de compte, le Kawasaki arrive en caisse le matin même de la course. Les batteries sont en vrac, mon père est un bricoleur hors pair. Il découpe une partie du camion-atelier pour renforcer les supports des batteries du jet. C'est le trait de caractère commun à tous les membres du clan Zapata : on adore mettre les mains dans le cambouis ! Le bloc-moteur est entièrement neuf, je dois le faire tourner. Sur l'instant, je pars au large du Douhet pour le roder en oubliant une seule chose : la marée. À Marseille, la mer reste bien où elle est ! Je reviens presque à la bourre, je manque le fameux « parc fermé », la règle qui immobilise des jets avant la course comme dans le sport automobile.

Sous un énorme chapiteau et dans une chaleur accablante se déroule le briefing obligatoire en présence de tous les pilotes, des médias, des officiels et de Philippe Villa, l'organisateur de la compétition. Cela va souffler. Météo France parle de vagues et d'un vent compris entre force 5 et 6 ! Les conditions annoncées sont mauvaises, les directives de course se veulent précises. Le parcours va nous emmener du côté de Fort-Boyard, on va enchaîner plusieurs tours de l'île d'Oléron dans le sens inverse des aiguilles d'une montre. Je n'écoute pas grand-chose, je n'ai rien retenu. Une habitude.

Professionnels, passionnés ou amateurs. Les participants du championnat du monde s'élancent dans un vacarme tonitruant. Pour le premier mille nautique, le plan d'eau demeure relativement lisse. Avec ma machine standard, je tiens le rythme et garde à l'œil la tête de la course dominée par les pilotes favoris de la catégorie reine. Au large et à l'approche des premières vagues, je pointe encore aux alentours de la trentième position. C'est dans ma nature, je veux gagner dans ma propre catégorie et pourquoi pas au *scratch*. N'ayant rien à perdre, je rentre à fond dans les déferlantes au nord de l'île, vers le phare de Chassiron, dans les eaux du pertuis d'Antioche, un lieu redouté des marins pour ses nombreux récifs et hauts fonds. Je double, je passe au ras des plages puis je me rapproche du quatuor de tête. Au premier ravitaillement, installé au port de la Cotinière, plus à l'ouest, je vire en tête. Premier en catégorie standard ? Mon père qui m'attend avec les bidons de carburant ne s'y attendait pas. Il court, panique et finit par renverser de l'essence sur le sable. Le commissaire de course siffle et m'inflige deux minutes de pénalité. Encore une fois, mon père s'énerve et se met à crier avec la gouaille du Sud qui le caractérise.

— Papa, calme-toi ! Ne t'inquiète pas, je vais rattraper mon retard au large.

Lors d'un autre arrêt, j'écope de nouveau d'une pénalité de 2 minutes. C'en est trop pour moi. Je rejoins l'arrivée du championnat du monde avec une honorable cinquième position au classement général et une place de troisième en standard. Pas de casse mécanique, c'est déjà ça !

Durant tout le week-end, un homme à la moustache ne m'a pas quitté des yeux. Il s'appelle Franco Dettori. Installé dans un atelier au duché du Luxembourg, cet ingénieur consultant d'origine belge est un dénicheur de talents, un redoutable préparateur, un manitou des moteurs spécialisé dans les sports mécaniques comme la moto GP ou le jet-ski. Il travaille pour Rotax et Sea Doo, le fabricant canadien connu pour ses scooters des mers et ses motoneiges. Avec des hauts et beaucoup de bas, cela restera une rencontre déterminante dans ma future carrière de pilote professionnel. Il me donnera ma chance à mes débuts et se liera d'amitié avec mon père.

Je me rappelle bien la scène. Franco s'approche de moi, à la fin du week-end, dans le paddock sur la ravissante plage du Douhet. D'un pas mesuré, le regard vif, il m'adresse la parole avec son sourire énigmatique :

— Franky, tu cours avec quoi ?

— Avec un jet à bras mais cela ne se passe pas trop bien. Je participe aussi au championnat de France en endurance, en jet à selle. Mais je ne sais pas encore ce que je vais faire cette année.

— Que penses-tu d'un contrat d'usine avec une machine Sea Doo ? Tu achètes un jet et je te fournis un moteur racing pour courir en catégorie Super Stock toute l'année…

10

Une carrière au top

Affaire conclue ! Je commande mon Sea-Doo dernier cri et j'intègre le team officiel de Didier Navarro à Nîmes, dans le Gard. Ce pilote tricolore qui a déjà remporté Oléron et plusieurs grands prix UIM à l'étranger aborde notre sport mécanique d'une manière professionnelle. Coaching, musculation, communication, réunions et préparation mécanique, tout est organisé comme une véritable écurie de Formule 1. Je suis tellement heureux. Je fais la connaissance à cette occasion de Frédéric Parat. Les pistons, les soupapes, les turbines n'ont plus aucun secret pour Fredo. Ce pro de la mécanique m'a tout appris. Avant, je ne savais bricoler que des petits scooters 50 m^3, je ne connaissais rien au jet.

Au sein du team, je participe au championnat d'Europe de vitesse en catégories Limited et Super

Stock avant d'enchaîner, aux commandes d'une autre machine, un jet à selle Kawasaki, des courses en endurance. La saison est à la hauteur de mes ambitions : je deviens vice-champion d'Europe en catégorie Limited et troisième dans la catégorie Super Stock. Ces bons résultats me permettent de me qualifier pour les World Finals à Lake Havasu aux États-Unis en octobre 1998, La Mecque de la course ! Franco Dettori prend l'initiative de me fournir gracieusement un redoutable moteur de compétition plus que jamais boosté. Il devrait envoyer des chevaux !

En octobre, une chaleur étouffante s'abat sur ce morceau de désert coincé dans l'État de l'Arizona et situé à deux heures trente seulement de la célèbre cité du Péché. Ma machine ne fonctionne pas bien lors des essais préliminaires. Le moteur Rotax de mon jet tourne mal, on est dépassé techniquement. Les teams américains qui disposent de moyens financiers supérieurs dominent largement la discipline. Venus de toute la planète, pas moins de 75 pilotes se retrouvent sur la ligne de départ de Lake Havasu, rien que dans ma seule catégorie.

C'est impressionnant, je n'ai jamais vu ça de ma vie. Mes départs en qualifications sont malheureusement hésitants, poussifs et timides. À la fin du premier tour, je pointe entre la quinzième et la vingtième position. Au fil des tours, je me bats comme un fou et remonte à la quatrième position. Bel effort.

Je passe les qualifications, les quarts de finale, les demi-finales, jusqu'à atteindre la fameuse grande finale.

Franco, le préparateur des moteurs me rejoint sous l'auvent du team français et me lance :

— Écoute Franky, on se fout complètement du résultat ! Réalise une belle dernière manche, fais ta course et tu auras droit à un moteur d'usine pour la saison prochaine.

En phase finale, je vais encore louper mon départ pour me retrouver à la *holeshot* aux alentours d'une piteuse dix-huitième position. Sur les bords du circuit, tous les *Frenchies* venus à Havasu, les amis, les membres du team, m'encouragent à haute voix. Cela tire violemment dans mes bras et mes jambes mais j'ai la banane.

Je dépasse tous les pilotes fatigués par le clapot incessant et la température écrasante du circuit. Drapeau à damier ! Je termine sur le podium, en seconde position du championnat du monde de Lake Havasu. Objectif largement rempli !

Pourtant, au sein de mon team de course, les tensions sont palpables entre Didier Navarro, le team manager, et ce Franco, notre préparateur qui fournit les moteurs de course Rotax. Je ne le sais pas encore, mais ce dernier va faire exploser l'équipe au retour des États-Unis. Le Luxembourgeois a créé des tensions, probablement de manière volontaire, pour virer le champion Didier Navarro. Franco retire subitement le budget et, *de facto*, le contrat au Gardois qui occupait jusque-là simultanément le rôle de pilote officiel et de team manager. Au fond de moi, je sais aussi que je vais bientôt récupérer sa place, voire la lui voler. La situation est complexe, très embarrassante, même. Longtemps, Didier Navarro m'en voudra puis, avec le temps, on deviendra les meilleurs amis du monde. Didier est un chouette type, un sacré team manager. J'ai 20 ans, je ne pense qu'à courir, à progresser dans ce sport mécanique, et je trouve cette promotion méritée au regard de mes derniers résultats, en Europe comme aux États-Unis.

Progressivement, je laisse tomber la discipline du jet à bras pour me consacrer à 100 % au runabout, c'est-à-dire au jet à selle. Pour la saison 1999, je récupère le contrat d'usine et je deviens pilote officiel Sea Doo en Europe. Quelle classe ! Le constructeur me donne un budget de fou, je me vois riche et fort. Je n'ai pas encore tout compris. En une année, je vais participer à 24 courses dans des disciplines aussi variées que l'endurance, la vitesse et l'*offshore* ou le rallye-raid. Cela signifie : 24 week-ends au minimum hors de chez moi, des centaines d'heures sur la route, des nuits blanches, etc. Financièrement, c'est lourd à supporter. Je dois aussi embaucher deux mécaniciens à plein temps pour m'assister. À 20 ans, je sais à peine compter. Encore moins écrire un business-plan ou boucler un bilan comptable ! Heureusement, mon père et quelques amis m'accompagnent sur les différentes étapes et m'apporteront un soutien sans faille. C'est toujours bon pour le moral.

Automne 1999. Au sein du team, on boucle la saison à l'arrache, exténués par tous les déplacements et les journées de mécanique. Mon physique a bien tenu, je n'ai pas lâché le cardio et tout au long de l'année j'ai continué les entraînements sur le plan d'eau de vitesse à Bellegarde, dans le Gard. J'ai gardé le rythme et du coup, j'ai collectionné plusieurs titres prestigieux : champion d'Europe en vitesse et vice-champion du monde en jet *offshore* à Oléron. Entre-temps, en avril 1999, je me suis senti presque obligé de m'inscrire au Jet Indoor de Paris Bercy dans les deux disciplines vedettes : en jet à bras et en jet à selle. Cet événement unique en son genre s'est déroulé au Palais omnisports devant des milliers de spectateurs sur un plan d'eau étroit d'une longueur d'environ 80 mètres. C'est très fun et cela ressemble à l'ambiance qui régnait à l'époque des compétitions indoor de planche à voile, du windsurf à Bercy. En stand-up, je termine à la troisième ou quatrième position et je finis troisième au classement général, dans la catégorie runabout, m'offrant le privilège de doubler une vieille connaissance, Nicolas Rius, le prodige français qui vit aux États-Unis. Mes partenaires me félicitent. Mission accomplie !

Pour les World Finals en octobre à Lake Havasu, une énorme tempête s'abat sur la ville. Il semble que la queue d'un ouragan a balayé quelques heures le golfe du Mexique. Lors des essais préliminaires à Body Beach, j'aperçois les ténors du moment. Il y a le local de l'étape, mon ami le pilote français Nicolas Rius bien sûr, et l'Américain MacCluggage, engagé par Kawasaki. Ces deux pilotes dominent la catégorie reine, la F1. En les voyant naviguer dans le clapot, je les crois à ma portée même si ma machine semble légèrement moins performante. Mais moi, la mer hachée, je connais et j'adore ! Pourvu que cela se lève...

Le jour J, le plan d'eau est démonté. Les vagues approchent les deux mètres. C'est du jamais-vu à Havasu, au milieu du désert ! On se croirait en pleine mer avec le sable et un vent brûlant en prime. En course, je termine quatrième mais Nicolas Rius m'a mis un tour dans la vue. Pour moi, c'est une énorme claque. Ce n'est pas mon runabout qui est en tort, c'est moi qui en suis totalement responsable.

Comment un pilote qui vit toute l'année à quelques kilomètres de la mer, à trois minutes du Jaï, peut-il être aussi moyen dans les vagues ? Qu'est-ce que je fous ?

Au retour, ma décision est prise : qu'il pleuve ou qu'il vente, je vais m'entraîner deux fois par semaine avec mon jet dans les vagues. Et cette fois, je vais « rouler » non pas avec un modèle de stand up mais aussi et surtout avec un jet à selle. Je vais mettre le paquet !

En 2000, je repars pour une saison complète en vitesse en Europe. Le constructeur Sea Doo est derrière moi pour me fournir des machines neuves, Rotax aussi, toujours *via* Franco Dettori pour la partie moteur. Les compétitions sont plus rudes car la cylindrée de 800 cm^3 de notre machine SPX ne fait plus vraiment le poids face aux puissants Yamaha 1200. Les rapports avec Franco Dettori se tendent, il met tous mes échecs et l'absence de vraies victoires sur mes épaules. Au Jet Indoor de Paris Bercy au printemps, son moteur de course préparé pour le plan d'eau étroit du Palais omnisports est livré à la dernière minute, ce qui n'arrange rien. On cavite au démarrage et je termine seulement en troisième ou quatrième position. J'ai passé mon temps à faire des allers-retours entre le paddock et le camion-atelier pour changer les hélices. À la fin d'une interview avec un journaliste de la presse spécialisée jet-ski, j'évoque cette situation compliquée, ce moteur qui est arrivé en retard et ces problèmes de mise au point dont la responsabilité incombe en partie à Franco Dettori. Mais tout cela doit rester en *off*. Contre toute attente, le média finira par publier cette confidence quelques jours plus tard dans une édition spéciale. Mal m'en a pris. Cela m'apprendra à vouloir ouvrir ma gueule auprès des journalistes !

Franco Dettori a lu l'intégralité de l'article, il sort de ses gonds :

— Franky, sans moi, sans mes moteurs de course Rotax, tu n'es plus rien ! Je les donne à qui je veux, je choisis qui va gagner, c'est comme ça. Cette fois, tu es viré ! Merci de me rendre tous mes moteurs Rotax et me les renvoyer au Luxembourg.

Je lui rétorque :

— Pas question, tu peux toujours rêver…

À Marseille, mon père qui s'est lié d'amitié avec Franco est embarrassé par ce conflit. Il revient à la charge pour que j'expédie toute la marchandise. Encore une fois je refuse catégoriquement :

— Papa, je suis encore sous contrat avec Sea Doo. Le jet et les courses, c'est toute ma vie !

S'impose alors dans mon esprit une décision irrévocable. Garder ces moteurs, fabriquer tant bien que mal une caisse en bois pour mon Sea Doo et m'enfuir en Amérique du Nord pour tenter l'aventure.

Fred, mon meilleur ami, me dévisage et me répond : « Chiche ! »

11
Le rêve américain

J'ai bien compris que je ne pourrai jamais participer au championnat d'Europe de vitesse sans un moteur d'usine. Et j'ai besoin de me confronter aux meilleurs pilotes du monde comme Nicolas Rius, Chris MacCluggage, Chris Fischetti ou Dustin Farthing, les stars du moment. Je veux voir ce dont je suis capable, évaluer mon niveau dans un sport mécanique qui réclame aussi énormément d'argent. Heureusement au fil des mois, j'ai mis quelques sous de côté…

Mon ami Sébastien puis Fred Pouquet font partie de l'aventure américaine. Le premier n'est pas encore majeur, il a dû demander une autorisation parentale de sortie du territoire. Fred va obtenir dans quelque temps son baccalauréat, il va saisir, sans hésiter, cette occasion pour quitter son cocon familial et une mère trop possessive. Ses parents lui accordent toute leur confiance. Avec Fred, on se connaît depuis tout petits. On a passé une bonne partie de notre scolarité ensemble, à l'école maternelle du Rove d'abord, puis en primaire et au début du collège avant qu'il ne file dans une école privée. On s'entend bien, il a bon caractère, est toujours enclin à me suivre dans mes conneries du mercredi après-midi. À la maison, on grimpe dans les arbres, on y construit des cabanes avant de passer, plus âgés, au motocross. À l'adolescence, souvenez-vous, on s'est fait virer d'une colonie de vacances en Corse lors d'une sortie en bateau. Et plus tard, on se retrouvera souvent le week-end pour des week-ends au ski ou des séances de paintball. Aux États-Unis, Fred jouera simultanément le rôle d'assistant et d'ami.

Nous sommes en 2000, l'année où tout le monde nous prédisait le bug du siècle. Une fois encore, je me retrouve dans l'avion en direction de Las Vegas. À cette époque, je baragouine un très mauvais anglais avec un fort accent marseillais. À l'aéroport, on a acheté un vieux pick-up américain rouillé et une mini-caravane à laquelle il manque quasiment une roue. On va bientôt devoir transporter mes deux machines sur une remorque à double essieu. On roulera tranquillement vers Lake Havasu avant de rejoindre les différentes manches à travers le pays de l'Oncle Sam en mode road-movie, dans l'ambiance du film *Bagdad*

Café. Contre toute attente, on va vite s'apercevoir que notre 4 x 4 n'en est pas vraiment un. Il lui manque la fameuse manette *4 Weels*. Le vendeur était malin et, exténués par le long voyage et le décalage horaire, on n'a rien vu venir. On a aussi mal lu la notice du véhicule avant de nous embourber dans le sable, en plein désert américain. À peine sommes-nous arrivés que la galère commence ! En panique, je raconte, depuis une cabine téléphonique, nos mésaventures à mon père. Notre intention est de faire le tour complet des USA pour participer aux dernières courses de la saison. Nous sommes un peu fâchés mais, en bon seigneur, mon papa débarque à Los Angeles et s'empresse de nous louer un camping-car quasiment neuf. Peu méfiant, il va même laisser l'empreinte de sa carte bleue en caution. Grossière erreur. Occupé par son rôle de chef d'entreprise, il ne reste pas sur place.

Malin et fauché, je me faufile sous le camping-car pour débrancher le fil du compteur et ne pas payer les miles supplémentaires au loueur. Avec un budget serré, on se doit de limiter nos dépenses. Les teams officiels américains, eux, n'ont pas les mêmes soucis que nous, ils arrivent aux courses avec d'immenses *trucks*. Clairement, on ne joue pas dans la même cour. Le contrat du loueur américain stipule que nous ne pouvons pas sortir de l'État d'Arizona. On va pourtant traverser l'Amérique de l'ouest au nord, de l'est au sud, et dormir dans des motels de fortune ou à l'intérieur du motor-home par 40 degrés. Mon père qui a laissé l'empreinte de sa carte bleue comme garantie va d'ailleurs recevoir plusieurs amendes salées en France. Aujourd'hui, il raconte souvent en rigolant que ce camping-car a été payé au moins cinq fois ! Mon visa de touriste ne m'accorde que trois mois sur place. Tout au long de la saison, je vais passer mon temps à faire des allées et venues entre la France et les USA pour ne pas devenir une sorte de pilote officiel « clandestin ».

À Lake Havasu, on déniche une maison, pardon, une baraque à environ 1 000 dollars l'année. Remplie de cafards et d'araignées, elle est bien éloignée du rêve américain. À l'intérieur, un garage dépourvu de climatiseur va nous servir d'atelier et de lieu de stockage. Du matin au soir, on y crève de chaud. L'idée est de participer au championnat US, dans la catégorie Super Stock 785, en plein milieu de la saison 2000. Sans pression. Cela va me permettre de m'entraîner, de me jauger face aux ténors du circuit. Et à la fin du calendrier, je saurai si, oui ou non, je possède le niveau suffisant pour continuer dans ce sport motonautique. L'expérience américaine avec mes amis s'avère enrichissante. Nous sommes jeunes et probablement inconscients. Entre chaque course, on roule entre 600 et 700 kilomètres en camping-car pour rejoindre les manches du championnat. Parfois, on somnole au volant la nuit, le véhicule part en crabe, on se réveille en sursaut puis on arrive le matin même sur le paddock, au moment des qualifications. Les pilotes américains finissent par nous reconnaître avec notre *French accent* et notre petit camping-car.

On attaque à San Diego, mon père est venu me voir. Comme je l'ai dit, il ne me manquera aucune de mes courses aux USA, même si son activité de chef d'entreprise lui réclame déjà énormément de temps et d'énergie. Mon pote Fred nous a rejoints en avion depuis la France quelques semaines après ma première course. Au téléphone, je lui avais dit :

— Viens à New York.

Il a donc choisi un vol pour la célèbre ville à la Pomme.

— On se voit où ? me demande-t-il.

— Fred, ne t'inquiète pas, on se retrouvera à la statue de la Liberté !

Je n'avais pas réalisé deux choses : ce lieu touristique se situe en pleine mer et la course avait lieu non pas dans la ville de New York mais au State Park de Rochester, dans l'État américain de New York, à la frontière canadienne, distante d'environ 800 kilomètres de la célèbre ville. Le chauffeur de taxi new-yorkais est donc tombé d'un étage lorsque Fred lui a commandé une course depuis l'aéroport de JFK. Mon pote a fini par retrouver mon camping-car de nombreuses heures plus tard sur le paddock de la course Rochester. J'ignore encore comment car, à cette époque, les communications par téléphone portable étaient encore compliquées et coûtaient une vraie fortune…

De temps en temps, dans la journée, on se cuisine des hamburgers près du camping-car. On en mange aussi avec les routiers sur les aires d'autoroute américaines. Parfois, on dispose de moins de budget et on va faire nos courses dans les supermarchés. Sur les Highways, on grignote des chips goût barbecue et des donuts au sucre glace, on boit des Dr Pepper tout en conduisant. Pour ne prendre aucun risque, on a préféré partir avec un bon paquet de traveller-chèques American Express. Parfois, on se mélange les pinceaux dans les taux de change entre les francs, les dollars, les taxes, les pourboires des serveurs. Au milieu du séjour, je dois annoncer une mauvaise nouvelle à mes acolytes :

— Eh les gars, on est mal, on a tout dépensé, il ne nous reste plus aucun dollar, plus aucun traveller-chèques, plus rien du tout !

Le plafond de retrait de la carte de mon père est atteint. Sébastien fait grise mine, le réservoir du camping-car est bientôt à sec et mon père est retourné à Marseille. L'inquiétude se lit sur mon visage. Mais on va vite se rappeler, grâce à Fred, qu'une grosse liasse de chèques de voyage a été cachée dans une des cloisons du camping-car. Nous voilà heureux comme des minots au pied du sapin le jour de Noël ! Le soir même, on s'offrira un bon gueuleton à la sauce US, avant d'effectuer une halte dans un drugstore pour s'acheter un ordinateur et une nouvelle perceuse !

Le rythme est élevé. Entre chaque course du championnat US, nous disposons d'environ une semaine pour faire un périple de 2 000 à 3 000 kilomètres. Entre-temps, on règle la machine en fonction des circuits. Cela peut être en mer dans de l'eau salée mais également en *inshore* dans de l'eau douce, voire saumâtre. On doit ajuster au plus vite les hélices. Il nous arrive souvent de bricoler les supports des moteurs sur la table de pique-nique installée à l'intérieur du camping-car. Je ne vous raconte pas le résultat ! Le regard des autres pilotes américains est chargé d'étonnement et de curiosité.

Côté championnat, le scénario se répète inlassablement à chaque course. Souvent, je pars parmi les derniers, je manque d'accélération à bas régime, puis je remonte les leaders avant de me retrouver, comme par magie, sur la première ou la deuxième marche du podium. À la fin de la saison 2000, je termine huitième du championnat US, un résultat plus qu'honorable car j'ai manqué les deux premières manches de la saison. Mais mon objectif principal reste les World Finals à Havasu en octobre. Je ne maîtrise pas encore la préparation des moteurs de jet-ski en dehors de quelques mises au point mineures des hélices et des turbines. À Lake Havasu, j'ai fait la connaissance d'un préparateur américain qui travaille pour Karine Paturel. Devenue pilote professionnelle, cette jeune Française originaire d'Avignon vit et cours outre-Atlantique. Elle remportera dans sa carrière six titres mondiaux et participera à sa dernière course dans les années 2000 devant son public au Jet Indoor de Paris Bercy.

Avec Fred et Sébastien, j'ai vite remarqué qu'elle arrive toujours en première position sur la bouée du *holeshot*. Je file voir un dénommé Bo Dupriest. C'est un ancien pilote et surtout son préparateur américain de moteurs. Je décide de lui commander sur-le-champ un bloc équivalent en prévision des World Finals. Fair-play, il m'a promis de me le fournir gratuitement. Cela devrait me permettre de gagner quelques kilomètres à l'heure et surtout beaucoup de « pêche » au départ. Quelques semaines avant les fameuses courses de Lake Havasu, je rentre à Marseille avec Fred. On prépare le jet, on ponce la coque à longueur de journée. Mais l'échéance du championnat du monde en Arizona se rapproche, je n'ai plus aucune nouvelle de Bo Dupriest. J'essaie de l'appeler en vain. Je tombe sur une standardiste d'origine mexicaine qui parle aussi bien anglais que moi. En fait, l'Américain fait la sourde oreille car il a reçu entre-temps une commande identique, cette fois pour monnaie trébuchante. Il prépare un moteur pour Brice Aracil, un jeune pilote franco-marocain qui va s'aligner sur les World Finals. Aux États-Unis, ne dit-on pas : « *Business is business* » ? Après plusieurs relances, j'arrive à parler à Bo Dupriest. Il nous peaufine tant bien que mal un bloc et nous livre un moteur préparé à la « va-vite », lequel va subir un serrage lors des sessions d'entraînements le matin à Body Beach. Nous voilà dans une belle merde !

Mon père a fait spécialement l'aller-retour depuis Marseille pour me voir. Lui qui parle trois mots d'anglais explose de colère, monte dans les tours avec le tact qui le caractérise puis se résout à parcourir le paddock de Havasu. À la dernière minute, on trouve une solution. Le père du pilote américain Chris Fischetti nous prête des pièces de rechange. Deux pistons retrouvés au fond d'un tiroir.

— Je te les donne, c'est cadeau, me dit le père de Chris.

Sympa, le Ricain ! La soirée entière, on bricole à la lueur d'une lampe torche. Mon pote Seb est royal, il part roder la machine de course toute la nuit sur la rivière. À l'arrache et sans autorisation, je crois me souvenir. Au petit matin, je m'aligne sur la grille de départ de la première manche et termine en vainqueurs. Ouf ! On est bons, on a sauvé le coup. Dans la seconde et ultime manche, je garde la tête mais la batterie s'arrache à cause d'un problème de compatibilité d'allumage. Je suis contraint d'abandonner.

Mon jet est en rade. Pas de titre mondial, plus de moteur. Mes proches amis et moi, on se regarde et on se dit :

— On fait quoi maintenant ?

À cette époque, Fred achève un BTS de tourneur-fraiseur. Dans toutes les plus mauvaises situations, il fait preuve de sang-froid et d'optimisme :

— Franky, pas de stress, je m'y connais un peu en mécanique, on va bien finir par trouver des solutions, non ?

Retour à Marseille. Après cette longue parenthèse américaine, on décide de travailler à la préparation de nos propres moteurs. On n'est jamais mieux servi que par soi-même. Plus personne ne me veut comme pilote usine, le monde du jet me tourne le dos car tous mes concurrents sont passés à la catégorie des 1 200 cm^3. Furieux, Franco Dettori est venu chez moi récupérer *manu militari* ses moteurs de course. Internet n'en est qu'à ses balbutiements, on récolte à gauche à droite des catalogues et notices techniques puis on commande des moteurs d'origine à Sea Doo. Je me décide à acheter avec mes propres deniers quelques outils dont une fraiseuse. Le couteau entre les dents, on « taille » les pistons sans rien comprendre aux transferts, en copiant ce que faisait Franco, notre ancien préparateur. On a pris le soin de prendre des photos de ses engins avant de les lui rendre ! Dans mon petit atelier marseillais, Seb, Fred et moi, on travaille comme des dingues tout l'hiver. Je ne compte plus mes nuits blanches, parfois, on oublie même de manger…

Au printemps 2001, quelques mois avant ce maudit 11 septembre, j'arrive gonflé à bloc au Jet Indoor de Paris-Bercy. Je ne pars pas favori mais grâce à ma persévérance, je remporte pour la première fois cette compétition prestigieuse devant des centaines de fans venus de la région de Marseille. La course est diffusée en direct sur Paris Première, ma petite famille est heureuse. Au guidon de mon jet biplace Sea Doo STX, je m'offre même le privilège de dominer des pilotes de renom comme Nicolas Rius, Chris MacCluggage et Dustin Farthing. Une vraie revanche sur ma déconvenue des World Finals.

12

Amour, gloire et déboires...

2001 restera une année bénie des dieux. J'ai trouvé l'âme sœur, celle qui illumine mes journées de labeur et deviendra dix ans plus tard mon épouse puis la mère de mon fils Matt. Krystel, l'amour de ma vie !

La première fois qu'on s'est vraiment parlé en tête à tête, c'est le week-end où j'ai remporté le Jet Indoor de Paris-Bercy. Elle n'avait jamais vu un jet-ski de sa vie et encore moins piloté un tel engin. Au moment où je l'ai invitée à visiter les coulisses de la course, je bidouillais ma machine, comme souvent torse nu, les mains pleines de cambouis, un short déchiré et taché par la graisse. Je me souviens encore de la scène. Suite à une mauvaise manipulation et à l'absence de ressort, en ouvrant le capot de mon jet, je reçois violemment le bras de mon jet-ski en pleine tête. Je pisse le sang. Krystel semble étonnée. Elle s'est dit :

— C'est qui ce fou ?

Malgré tout, on a parlé et le courant est vite passé après cette sacrée entrée en matière. Krystel me suivra dans toutes mes aventures et deviendra la complice de mes victoires, de mes défaites et de mes galères, des compétitions de jet-ski au *JetRacer* en passant par le *flyboard* et toutes mes inventions ou défis sportifs.

Krystel et moi avons fait connaissance par l'intermédiaire d'amis en commun qui habitaient dans le même village que Krystel, près de Marignane. Elle était encore en classe de première. Ils nous ont présentés car on semblait se correspondre. Nous avions tous les deux une passion commune : le sport. Originaire par ses parents de l'est de la France, Krystel est née à Marseille et a passé l'essentiel de sa jeunesse à proximité de Marignane. Fille unique, elle a toujours baigné dans l'univers de la compétition car son père était un sportif de haut niveau en athlétisme. Sa discipline de prédilection : le 800 mètres. Éric Charron avait été recruté par un club des Bouches-du-Rhône et sélectionné 27 fois en équipe de France. Excusez du peu. Son papa avait même raté d'un fil une sélection officielle aux Jeux olympiques mais participé à plusieurs championnats d'Europe avant de mettre un terme définitif à sa carrière suite à un accident de voiture et à un problème à la hanche. Éric m'a d'ailleurs longtemps accompagné dans ma préparation physique de sportif de haut niveau, il sait de quoi il parle...

Baignée en toute logique dans l'univers du sport dès sa tendre enfance, ma future femme a pratiqué de nombreuses activités comme la gymnastique et la danse. Krystel exprime tout son potentiel sur les cours de terre battue. Classée 5/6, elle démontre un excellent esprit de compétitrice, donne quelques cours de tennis au sein de son club mais surtout pratique une activité physique quasiment tous les jours. Avec le recul, je pense que le sport nous a toujours réunis et que jamais je n'aurais pu me mettre en couple avec une femme sédentaire. Aujourd'hui, rares sont celles qui peuvent comprendre mon rythme de vie et tous ses sacrifices qui m'entourent. Bien avant de me rencontrer, Krystel avait compris les sacrifices qui entourent la pratique de ce sport de haut niveau. Quand elle était plus jeune, son père lui avait interdit le ski, trop dangereux selon lui. On partage aujourd'hui des séances de crossfit et des descentes en ski l'hiver dans les Alpes du Sud. Dans la vie, Krystel a le sourire facile, elle est pleine de charme mais aussi d'énergie. Elle sait canaliser mes tensions, mes colères et m'écouter. Dans notre vie professionnelle, on restera toujours complices et complémentaires...

Après ma victoire à Paris-Bercy, j'ai passé un temps incalculable à apprendre le métier. Ce travail, je l'effectue encore aujourd'hui au sein de mon entreprise

Zapata : tout faire soi-même et tout fabriquer de A à Z, comme tailler le moteur et usiner des culasses dans l'atelier installé dans la maison de mon enfance au Rove où vit encore mon père. Krystel n'a pas mis longtemps à comprendre comment je fonctionne, elle a le cœur sur la main. Lorsque je travaille d'arrache-pied avec mes amis sur les machines, elle nous apporte des menus McDo ou commande des pizzas en pleine nuit. Le rythme de travail est le suivant : 8 heures à 2 heures du matin, tous les jours sans discontinuer. Pas de dimanche, pas de jours fériés. Pendant des mois, je retombe dans les difficultés et les doutes car mon jet ne marche pas bien et j'ai cassé un nouveau moteur lors des essais. Mes amis et moi, on souffre car on s'aperçoit que mes concurrents comme Nicolas Rius annoncent naviguer à près de 130 kilomètres à l'heure en ligne droite avec leurs Yamaha ou leurs puissants Kawasaki. En fait, on l'apprendra plus tard à nos dépens, ce n'est pas tout à fait exact ! Mais lors de nos tests, on arrive péniblement à atteindre les 117-118 kilomètres à l'heure. À quoi bon continuer dans ce sport mécanique, se présenter à une course internationale et se faire éclater sur le circuit face à des jets qui naviguent avec 10 kilomètres à l'heure de plus que le nôtre ? Que devons-nous faire ? Nous arrêter ou continuer ?

Malgré le soutien financier de plusieurs amis et partenaires locaux, je ne fomente plus l'idée de participer à une compétition nationale ou internationale. Je n'ose plus me présenter sur une ligne de départ, le doute m'envahit. Ma saison en championnat a bien failli s'arrêter avant même d'avoir commencé.

Comme souvent, le salut viendra de mon père :

— Franky, c'est à toi de décider. Soit tu mets un terme à ta carrière, soit tu persévères et ensemble nous nous retroussons les manches pour trouver des solutions techniques.

Pure coïncidence ou prix de l'effort ? Les mois suivants, notre moteur de course commence à ne pas trop mal marcher, il tourne de mieux en mieux, on gagne en vitesse de pointe et en accélération. Nos efforts payent. Arrive, au printemps 2003, une des courses majeures du calendrier de vitesse : le Jet Indoor de Paris-Bercy. Je m'aligne sur le départ avec une machine et un moteur de course « faits maison », en quelque sorte. La salle est bondée, la pilote française Karine Paturel participe à la dernière compétition de sa carrière. C'est Steven Dauliach qui s'impose en catégorie Pro Ski et Nicolas Rius, dans ma catégorie des runabouts. De mon côté, je me suis fait éliminer en demi-finale car je suis sorti du plan d'eau en virage. Dans le jargon, on appelle cela une « quille » ! Maigre consolation : j'ai terminé troisième du challenge chronométré, derrière mes potes français Nicolas Rius en Yamaha et Cyrille Lemoine sur Sea

Doo. Mon jet tient donc la route mais on peut faire mieux. Peut-être en changeant de machine ?

À Bercy toujours navigue un certain Stève Stievenart. Éditeur de presse installé à Abbeville, dans la Somme, le nordiste de 25 ans se passionne pour tous les sports mécaniques comme la course automobile et le jet-ski. En mars 2003, il s'aligne sur la grille de l'événement parisien. Celui qu'on surnomme aujourd'hui « le Phoque » deviendra un nageur de l'extrême, près de vingt ans plus tard, reconnu mondialement pour avoir traversé à de multiples reprises la Manche à la nage. Drôle de coïncidence. Le 1er mars 2003 à Bercy, Stève tourne sur une bête de course préparée par Kawasaki aux USA. Le bruit est phénoménal. Lors d'une manche en catégorie pro runabout, le pilote abbevillois effectue une violente sortie du plan d'eau. À plus de 100 kilomètres à l'heure, Stève Stievenart percute les énormes bouées rouges de protection du POPB et part s'écraser dans les gradins remplis de public. On frôle la catastrophe. Le speaker du Jet Indoor ne sait plus quoi dire. Le pilote d'Abbeville est évacué d'urgence du bassin sur une civière. À la clé, une fracture du bassin l'obligera à rester immobilisé plusieurs mois. Clap de fin sur sa carrière de pilote de jet-ski. Quelques semaines plus tard, j'apprends que Steve se résout à vendre sa machine de compétition. Elle est unique en son genre et rare sur le marché de l'occasion.

Dans ce malheureux et regrettable accident se profile toutefois une belle opportunité. Et si on rachetait cette bête de course ? Deux mois avant, j'ai bien compris que les Yankees ne me l'auraient jamais vendue, les bougres, à moi, le petit pilote de Marseille. J'en parle à mon père.

— Et pourquoi pas ?

Papa accepte l'idée. Je pars à la banque, me saigne financièrement car elle coûte un bras et on décide de racheter tous les deux ensemble la machine quelques semaines seulement après l'accident de Stève Stievenart à Bercy. À Marseille, lors de nos premiers tests, je m'aperçois que le jet n'atteint pas les 130 kilomètres à l'heure annoncés par les pilotes américains. Bande de mythomanes ! Néanmoins, le Kawasaki navigue bien mieux que mon ancienne machine de course. Nous voilà bien équipés pour tous les championnats de la saison.

Été 2003. Je m'aligne sur le championnat d'Europe de vitesse IJSBA avec une manche de retard en Run F1, la catégorie reine des jets à selle. Soutenu par d'importants partenaires institutionnels et privés comme Corona, le célèbre brasseur mexicain, ce championnat est bien médiatisé, présent sur les chaînes de télévision du câble et du satellite comme Motors TV, Sport + ou Eurosport. AB Moteurs couvre l'intégrale de la saison avec le journaliste présentateur Geoffroy Langlade qui vient m'interviewer sur toutes les courses. Les épreuves attirent un plateau riche d'excellents pilotes. L'organisation est bien rodée, la direction de course a été confiée au Belge Yves Van Heers. Ancien pilote de moto side-car d'origine belge, il a révélé au grand jour Nicolas Rius, l'un des meilleurs pilotes de jet-ski au monde, dont je parle régulièrement. Le championnat européen nous emmènera dans plusieurs villes et pays du Vieux Continent comme l'Italie, la Belgique, les Pays-Bas, le Portugal et même la France. Les saisons défilent à vitesse grand V. Je jongle entre mon rôle de pilote numéro 1 et celui de chasseur de sponsors, de patron, de mécanicien et de porte-parole. Je me perfectionne en anglais, j'affine mes discours sur les podiums des courses, mon image en essayant de porter un maillot aux remises de prix, et ma communication avec les médias. En effet, j'ai toujours eu des relations compliquées avec eux…

En 2003, malgré ma manche de retard, je termine vice-champion d'Europe en F1 derrière celui qui deviendra mon grand rival : l'Italien Jimmy Bosio. La saison suivante, en 2004, je manque d'un fil de remporter le précieux titre européen. Lors de l'ultime manche à Disney Village près de Paris, je m'offre le privilège de dominer Nicolas Rius en F1. Au classement général cumulé, je clôture ma saison, de nouveau, sur la seconde manche du podium européen.

Virage dans ma vie et tournant dans ma carrière de pilote. Au fond de moi, j'ai l'impression que je commence à comprendre mon métier. Je gagne en confiance, mon mental change.

J'ai également marqué des points en termes de crédit et de réputation. Mes talents de pilote, mes trajectoires et mon physique interpellent le public, les médias et les professionnels. Dans le milieu du jet-ski, je deviens en quelque sorte un pilote bankable. En coulisse, le constructeur québécois Sea Doo qui soutient Jimmy Bosio s'intéresse à mon parcours. Il ne comprend pas pourquoi il dépense des milliers d'euros pour un pilote italien qui se retrouve souvent à plusieurs mètres derrière moi. Le moteur Rotax de Bosio est officiellement préparé par celui qui a longtemps travaillé pour mon feu : le fameux et incontournable Franco Dettori. Depuis plusieurs années et mon aventure aux États-Unis, on ne s'adresse presque plus la parole. Mon père a gardé de bons contacts avec lui, ils boivent de temps en temps l'apéro ensemble sous l'auvent de notre camion-atelier. Le fabricant canadien de jets va tout faire pour l'obliger à travailler de nouveau avec nous, en nous fournissant des moteurs préparés pour les courses. Ce ne sera pas pour tout de suite…

En 2005, je domine largement le championnat européen, mon rival Jimmy Bosio est loin, je remporte en septembre à Disney Village, en région parisienne, le titre officiel en run F1. Franco Dettori contient sa colère. Le soir, je le croise au restaurant. Je me permets alors une ultime provocation à son égard. Je lui balance en pleine figure :

— Merci, Franco, de m'avoir permis de remporter le titre !

— Merci de quoi ?

— Il y a quelques années, tu m'avais dit que tu pouvais me faire gagner. Alors merci de m'avoir laissé cette belle victoire !

L'homme à la moustache rit jaune...

La même année, je m'envole en octobre disputer les World Finals à Lake Havasu. Je suis remonté comme une horloge. Je pars favori dans ma catégorie ; mais les Américains qui jouent à domicile ne l'entendent pas de cette oreille. *America first* ! Pas question de se faire doubler en course par ce *Frenchie*. Lors d'une manche, un pilote me coupe la route d'une façon pas très réglementaire. Je tombe et perds ma place pour revenir sur la plage dans une colère noire. En bon sudiste, je me mets à râler, je sors de mes gonds. Mon père, mes amis et même Krystel n'arrivent plus à me retenir. Dans ma colère, je donne un coup de pied dans la tête de celui qui vient de me faire perdre toutes mes chances de remporter un premier titre mondial aux USA. Le brouhaha se transforme en bagarre générale, la police intervient. Je ne me dégonfle pas ; avec les années, j'ai beaucoup progressé en anglais, je connais quelques insultes faciles. Grossière erreur ! Le shérif m'embarque, je termine la nuit en cellule façon *Prison Break* avec une forte caution en dollars à régler.

Je pense avoir brisé une partie de mon avenir car cette même semaine, un nouveau fabricant de jets m'avait approché en coulisse. Hydrospace dispose d'importants moyens financiers et monte un team officiel pour s'aligner en compétition dans différents championnats dont l'Europe. L'idée était de devenir pilote d'usine Hydrospace et d'aider la marque autrichienne à développer sa future machine runabout. Avec cet accès de colère et mon coup de sang, j'ai brisé toutes mes chances d'obtenir un contrat, c'est certain.

En Europe, les représentants de la marque canadienne Sea Doo en compétition me font les yeux doux malgré mes récents déboires et mon séjour en prison aux États-Unis. Ils s'imaginent que je suis encore en négociation pour devenir bientôt le pilote officiel d'usine de la marque concurrente, Hydrospace. J'en titre profit et je m'évertue à faire monter les enchères. Objectif : obtenir un salaire confortable pour pouvoir vivre enfin de mon sport.

Les responsables de BRP m'interpellent :

— Franky, tu n'es pas sérieux ? On n'a jamais payé un tel montant.

Je bluffe.

— Messieurs, faites comme vous voulez mais dans le cas contraire, je partirai chez l'Autrichien

Hydrospace ! C'est à prendre ou à laisser. Vous avez compris ou pas ?

Et ça marche ! Dans la foulée, je signe le premier contrat de ma carrière de pilote avec des salaires réguliers et un joli chèque à la clé. Je repars pour plusieurs saisons dans toute l'Europe avec Sea Doo comme partenaire officiel et Rotax pour les moteurs préparés par Franco Dettori ; celui-là même qui m'avait jeté comme un malpropre quelques années plus tôt. Un rebondissement inattendu.

13
Les années en or

Gagner des chevaux, des kilomètres heure, pousser les moteurs et remporter toutes les courses. Je n'ai qu'une obsession en tête. À partir de l'année 2006, plusieurs sérieux partenaires se sont manifestés. Une bonne raison pour que je me consacre à ma carrière de pilote pro et au développement des machines de compétition. Au fond de moi, je sais aussi que, tôt ou tard, je ne serai plus forcément le pilote *number one*, que le vent va tourner en ma défaveur. La concurrence est rude et le milieu du jet-ski, impitoyable ! Alors, je vis au jour le jour et j'apprends. Dans le sillage de mon titre européen de vitesse à Disney en 2005, je complète mon palmarès avec plusieurs victoires majeures. Retenons les titres de champion d'Europe IJSBA en runabout F1, successivement en 2006 et en 2007, puis le titre de vice-champion du monde en catégorie F1 ski aux World Finals de Lake Havasu, toujours en 2007. Une saison incroyable marquée par ce que je considère, encore aujourd'hui, comme la plus belle victoire de ma carrière de pilote : Oléron.

En juin 2007, ce légendaire championnat du monde de rallye-raid se tient durant un week-end, dans le sud de l'île, au départ de Saint-Trojan-les-Bains. La commune se trouve à quelques encablures du pont qui relie Oléron au continent charentais, face à La Rochelle. Le gratin du jet-ski européen s'y retrouve avec un grand village, des stands, des animations et surtout une imposante ligne de départ. Elle regroupe plusieurs centaines de « pilotes du dimanche » et des compétiteurs avertis qui naviguent à longueur d'année, été comme hiver, aux quatre coins de France et de Navarre. Plusieurs catégories sont proposées, elles se distinguent par des couleurs de dossards différentes. Cela permet aux commissaires de course et aux ravitailleurs de nous identifier plus facilement. Je m'aligne à Oléron en catégorie runabout F1 aux commandes d'un Sea Doo d'usine, coque rouge, dossard noir sur ma combinaison, et ce numéro 2 qui me caractérise.

Sur l'île, tout le clan Zapata ou presque a fait le déplacement depuis Marseille et mis la main à la pâte. Mon père Claude, mon épouse Krystel, mon fidèle mécanicien Jean-Marc, Stéphane, le chauffeur de la semi-remorque, mes meilleurs potes comme Lionel et Fred, sans oublier notre incontournable mascotte Rambo. Affublé de mon dossard de course, cet impressionnant chien cane corso au poil gris nous accompagne maintenant sur toutes les courses de jet. Il est devenu une des stars du paddock, les enfants le prennent en photo et il surveille consciencieusement notre camion-atelier toutes les nuits. Personne n'ose l'approcher.

L'année précédente en 2006, j'ai terminé second du championnat du monde rallye-raid à Oléron. Je disposais d'une machine pourtant un peu plus puissante que celle de mon adversaire et coéquipier Sea Doo du moment, Cyrille Lemoine. J'ai occupé la tête de la course mais le premier jour, j'ai pris le mauvais cap et manqué une bouée avec une grosse pénalité à la clé. J'ai bien retenu la leçon : il va falloir étudier les cartes et apprendre à s'orienter en mer autour de Fort-Boyard.

Pour cette édition 2007, la météo est plus clémente avec un soleil qui va illuminer le plan d'eau charentais tout au long de la première journée de compétition, un clapot léger et un vent plutôt faible. Au programme : deux jours de compétition, des départs en ligne façon Le Mans, plusieurs passages vers le fameux Fort-Boyard et tour de l'île, sans oublier des ravitaillements, notamment sur la plage de Saint-Trojan-les-Bains et au charmant port de pêche de La Cotinière. Nos machines de course embarquent des transpondeurs. Ce sont des traceurs qui permettent de suivre nos trajectoires en direct par satellite et peuvent envoyer une position exacte en cas d'urgence. Ils sont utilisés aussi comme « mouchards » pour le classement et les éventuelles pénalités…

Aujourd'hui, avant chaque compétition ou vol majeur en *flyboard* air, on me demande si j'ai des manies, des habitudes, voire des superstitions. Rien n'a changé. La veille d'une course, j'aime bien manger, je me couche tôt, sauf si un souci mécanique nous oblige à plonger les mains dans le moteur. J'ai la chance de pratiquer du sport toute l'année, je ne bois pas d'alcool, je ne fume pas et je n'ai touché à aucune drogue de toute ma vie. Pas de régime particulier mais je reste attentif à maintenir une bonne hygiène de vie. Côté épouse, on dira que Krystel est un brin superstitieuse avant chaque course ou défi. Elle garde probablement quelques habitudes et manies de l'époque où elle disputait des tournois de tennis. La veille, elle préparait ses raquettes, son short, ses chaussures, sa bouteille d'eau et sa serviette. Sur les compétitions de jet comme à Oléron, je me rappelle qu'elle rangeait minutieusement toutes mes affaires. Elle préparait mon casque, mon gilet, mon masque, mon coupe-circuit, et fermait tranquillement à clé le camion-atelier. Puis Krystel partait me retrouver sur la ligne de départ en se mettant, une fois le drapeau levé, à l'écart des autres pour suivre la course. Sur l'île d'Oléron, en 2007, je la vois encore hyper-stressée. De mon côté, avec tout le boulot que j'ai eu avant le départ, je n'ai pas eu le temps de mettre une quelconque pression.

Le premier jour, c'est le pilote toulousain Jean-Bruno Pastorello, sur Kawasaki, qui remporte la course. Le Corse François Medori, sur Sea Doo, pourtant arrivé premier, a été pénalisé de 400 points à la suite d'une méchante erreur de parcours. Un autre pilote tricolore, Teddy Pons a pris un moment le leadership avant de casser son moteur dans le dernier tour. En mer, je subis plusieurs avaries. Les problèmes mécaniques m'obligeant à m'arrêter à plusieurs reprises. Mais au drapeau à damier, je clôture la manche du samedi en seconde position devant Tony Manenti et avec seulement 60 points de retard sur Jean-Bruno Pastorello, leader provisoire à Oléron après une journée de course.

Dimanche 1er juillet 2007, second jour de la compétition internationale. Changement complet de conditions et de décor. Une dépression s'abat sur l'île d'Oléron. Le ciel se couvre, laissant présager de la pluie, du vent et une forte houle sur une partie du parcours, notamment vers Fort-Boyard et au nord. Mes débuts sont catastrophiques, mon jet subit plusieurs coupures, probablement d'allumage, je perds du temps. Je compte les minutes, comble mon retard au fil des tours de l'île. Certains de mes plus sérieux concurrents ont dû jeter l'éponge comme mon pote Teddy Pons. Quand j'arrive au second ravitaillement, mes assistants m'annoncent d'un signe des doigts que je pointe à la cinquième ou sixième position derrière Tony Manenti et sa machine rouge. Je n'y croyais plus, finalement je me dis que tout est jouable.

Dix jours avant l'évènement, nous avons connu une immense galère. Lors d'essais techniques sur l'étang de Berre, la machine de course a pris l'eau et coulé pour se retrouver à huit mètres de profondeur. Nous avons dû faire appel à des plongeurs de la COMEX pour le récupérer et surtout bosser jour et nuit pour qu'il fonctionne à nouveau. Un travail de titan !

Les jets atteignent sur l'eau des vitesses incroyables : près de 120 kilomètres à l'heure en ligne droite, les hélicoptères des équipes de télévision peinent parfois à les suivre avec un vent de face. Je suis parti à fond, je ne lâche rien et finis par dépasser le pilote corse qui me menace au classement général, juste en filant à pleine balle devant les stands et le public de Saint-Trojan-les-Bains. Mon équipe exulte. Le speaker Jérôme Bolla ne trouve plus ses mots au micro : « Frankyyyyyy est en tête ! » Je passe sous le portique de la ligne d'arrivée en tête. C'est fait, je suis champion du monde de jet !

Flash-back. Je me rappelle avoir eu près d'un quart d'heure de retard sur les leaders et avoir gagné la seconde manche, dans les vagues et au guidon d'une machine biplace, plus délicate à piloter que les grosses machines trois places de mes concurrents. C'était complètement fou !

Près des stands, j'effectue une tête à queue avec ma machine, je suis éjecté dans la mer. J'arrache mon dossard, mon gilet et mon casque avant d'effectuer un tour d'honneur torse nu, le drapeau à damier dans les mains. Ces images de l'arrivée en 2007 resteront longtemps ancrées dans ma mémoire. Aussitôt, j'adresse une marque d'affection aux autres concurrents et pilotes comme Teddy Pons, Tony Manenti, Cyrille Lemoine et Didier Navarro, qui m'a accueilli dans son team quelques années plus tôt et m'a tout appris dans ce rôle d'apprenti pilote professionnel. Je le prends dans mes bras. Je repense aussi à mes années de galère, à mes doutes, à mes amis restés dans le sud de la France et à mes parents. À ma femme. Un signe : lorsque nous avons été contraints de revendre, plus tard, le jet qui m'avait offert la victoire à Oléron en 2007, Krystel avait les larmes aux yeux. Et moi aussi.

14
Les débuts du *flyboard*

Un tournant de ma carrière sportive en jet-ski intervient à partir de l'année 2008. Sportivement, tout va pour le mieux. J'arrive sur les plans d'eau en pleine confiance car j'ai successivement remporté, la saison précédente, le championnat européen de vitesse, le titre mondial en rallye-raid à Oléron et une belle place de vice-champion du monde aux World Finals, toujours à Lake Havasu. Ce que je pressens depuis plusieurs mois va se réaliser à mes dépens…

Encore une fois, mes relations avec mon préparateur de moteurs se sont inopinément tendues. Sur les courses européennes, je l'ai vu s'installer de longues heures sous l'auvent du camion de Teddy Pons, un bon ami qui reste néanmoins un adversaire en course. Le pilote varois dispute le championnat sous les couleurs de Yamaha et du team Audemar. Il se trame quelque chose de pas vraiment net. À court terme, j'ai le sentiment que Franco veut me mettre à l'écart et me faire remplacer par le jeune Teddy. La réalité est que cet enfoiré lui prépare des moteurs en cachette pour qu'il me dépasse.

La fin de saison approche. Pour la finale du championnat d'Europe qui a lieu en septembre à Cavalaire-sur-Mer dans le Var, mon équipe envoie à l'atelier de Franco Dettori, au Luxembourg, trois moteurs de course. Il doit nous les refaire entièrement à neuf. Sur le papier, le challenge du week-end est assez simple à comprendre. Je dois terminer dans les cinq premiers au classement général pour décrocher le titre suprême car je suis largement en tête du championnat devant mon poursuivant, Teddy Pons.

— D'accord Franky, pas de souci, me promet Franco au téléphone.

Pourtant, les moteurs de course tant attendus n'arriveront jamais chez moi, au Rove. Faisant contre mauvaise fortune bon cœur, je choisis de m'adresser à mon pote Cyrille Lemoine et à son père pour qu'ils me prêtent un bloc pour la finale de Cavalaire. C'est compliqué pour eux car ils sont officiellement liés à la société canadienne. Alors, on va finir par se débrouiller en remontant un moteur avec les pièces détachées et autres cadavres qui traînent au fond de notre atelier. Dans ce genre de situation, je suis comme un pitbull, je ne lâche rien. J'appelle Franco sur son portable :

— Où sont les moteurs que tu m'avais promis ?

— Quels moteurs ? Tu n'en auras aucun, je ne t'en vendrai plus un seul, c'est fini.

— Pardon ? C'est quoi, cette blague ?

— Franky, ne le prends pas mal, c'est mon choix. Il m'appartient. N'oublie jamais qui sélectionne et recrute les pilotes !

Heureusement à la même époque, je me suis mis en tête de développer ma propre marque, mes propres machines de course. La lassitude m'envahit face à ces incessantes guéguerres et querelles de constructeurs et autres motoristes. Je deviens aussi entrepreneur par dépit. La mécanique, les pistons, les coques, la résine, les turbines, les écopes et les hélices m'apparaissent de plus en plus familiers. Un jour, j'emporte un petit bloc-notes et un crayon à mine, je pars m'instruire et apprendre la fabrication de coques dans une société voisine des Bouches-du-Rhône. Plus tard, je vais passer du temps à comprendre les rouages de la mécanique sur YouTube. On dit souvent : jamais mieux servi que par soi-même. Et pourquoi, à 30 ans, ne pas devenir enfin mon propre patron ?

Un pressentiment m'envahit. J'ai eu du flair car j'avais gardé au fond de mon garage un moteur de course en pièces détachées – des pistons, un vilebrequin, l'arbre à cames. Il ne manquait que le compresseur. J'ai réussi à en trouver un en appelant un contact installé aux États-Unis ; puis à reconstituer un moteur pour m'aligner en Europe et en Amérique du Nord. J'ai été champion du monde avec ce bloc fabriqué de bric et de broc par mes soins…

En 2008 est sorti le tout premier modèle de la série FZ sous ma propre marque, Zapata Racing. Un jet à bras de couleur noire et blanche au style minimaliste mais doté d'un bloc-moteur deux-temps bicylindre en ligne de 950 cm^3, développant environ 140 chevaux. De la coque au guidon, j'ai presque tout imaginé de A à Z avec une longue série de nuits blanches au fond de mon atelier. L'engin a vu le jour en trois mois avec un budget de seulement 20 000 euros, aujourd'hui il faudrait cinquante fois plus de moyens, plus de temps, et je serais incapable de réitérer cette folie. Axé sur la compétition, le petit FZ 950 crée la surprise dans le milieu. Comme un clin d'œil et pour raviver mes rêves de gosse, c'est en quelque sorte le premier jet-ski *made in Marseille* et la genèse d'une longue série d'inventions en tout genre. Sur l'eau comme dans les airs.

Avec le FZ, mon objectif était de participer au championnat du monde Aquabike UIM, d'en vivre, de développer une version runabout, c'est-à-dire un jet à selle, de commercialiser une série de machines à destination d'autres pilotes, étrangers ou français. Plus tard, le jeune Jérémy Poret remportera de nombreux titres sur une machine portant les couleurs Zapata Racing.

Cela ne commence pas trop mal, on gagne un peu d'argent et ma petite entreprise finit par employer une dizaine de personnes pour développer, fabriquer et distribuer les FZ. Mais vers 2010-2011, l'aventure commence à tourner au vinaigre.

Acte 1. Lors d'une grande compétition en Chine je casse ma machine, je dois abandonner pour un malheureux problème de capteur d'allumage. Je suis désespéré, je me raccroche à l'idée que c'est la loi du sport. Au même moment, les instances de l'Union internationale motonautique (UIM) installées dans la principauté de Monaco me mettent des bâtons dans les roues pour homologuer mes machines de course. Du jour au lendemain, la fédération m'a annoncé : « Pour pouvoir s'aligner sur une course il faut avoir construit non pas deux ou trois mais cinquante machines en série. Sinon c'est la disqualification, vous ne pourrez pas inscrire vos jets en compétition… »

Acte 2. Sous la pression de nos énormes concurrents japonais et nord-américains, notre fournisseur de moteurs décide du jour au lendemain de plus nous livrer malgré un contrat qui l'engage sur cinq ans. J'hésite à aller au procès mais mon avocat me fait comprendre que cette société qui joue le rôle d'intermédiaire est une véritable coquille vide, « un moulin à vent », dit-il, ne me permettant pas le moindre espoir de recevoir une compensation financière. Plus de moteurs égale plus de jets à vendre. Plus de livraisons égale plus d'argent. Comme on ne peut plus participer aux compétitions à cause du règlement, j'ai du reprendre et rembourser la machine que nous avions vendu auparavant au pilote français Alex Louvet. Il devra rester chez lui, sans machine de course.

Nos fonds propres et ceux de la société commencent à fondre comme neige au soleil. Il reste à peine 5 000 euros sur mon compte professionnel. À la fin de l'année 2011, je n'ai plus de mécaniciens car je n'ai plus les moyens de les payer tous les mois. Chez Zapata Racing subsistent encore deux personnes : Krystel et moi-même ! Pour manger, j'enfile mon tablier de mécano et m'oblige à effectuer les réparations et l'entretien des jets FZ-R sur les paddocks des courses. Au Rove, les relations avec mon père se sont un peu dégradées, lui qui a été pourtant très proche de moi au cours de ma carrière sportive et entrepreneuriale.

Au même moment, j'ai développé pour m'amuser un projet baptisé *flyboard*. Relié grossièrement par un long tuyau souple de pompier à une motomarine, cet engin permet d'évoluer à une quinzaine de mètres maximum au-dessus de la mer ou d'un plan d'eau intérieur grâce à la pression de l'eau qui est dirigée vers des buses. Le rider est debout et ses pieds sont rigoureusement fixés dans des bottes comme pour un snowboard.

Comment est venue cette idée ? À la fin de l'été 2011, je suis en train de préparer la finale du championnat du monde qui se tiendra en Chine. Dans l'atelier, on travaille sur un jet à selle que nous avons entièrement fabriqué, nous avons des problèmes de mise au point. Comme une heure d'essai sur un banc moteur coûte une fortune, j'ai l'idée d'inventer un système pour pouvoir laisser le jet-ski sur sa remorque et accélérer à fond pour le roder. Et pour réduire la tonne de poussée du jet de course et éviter qu'il emmène la remorque et le véhicule en haut de la mise à l'eau, j'ai utilisé un tuyau pompier pour dissiper l'énergie. C'est technique mais quand j'ai vu l'énergie qui restait au bout du tuyau, je me suis dit : « Si tu te mets cette puissance sous les pieds ou dans le dos, tu voles ! »

J'en parle à mes potes. Hilares, ils se foutent de moi :

— Franky, arrête tes conneries et finis déjà ton jet pour la Chine !

Les jours s'écoulent, mon runabout daigne enfin repartir, il part pour une longue traversée de plusieurs semaines en cargo pour le continent asiatique. J'ai du temps à consacrer à mon idée.

J'achète une planche de *wake-board* premier prix chez Décathlon, je commence à souder quatre buses en aluminium juste en dessous. En juillet, j'appelle mes amis pour un essai de mise à l'eau, à proximité de mon domicile. Quand ils me voient déballer le long tuyau du camion, des jeunes du coin commencent à me filmer avec leur téléphone portable.

— Eh, arrêtez d'enregistrer, c'est top-secret, lancent mes potes.

Sur la cale de mise à l'eau, on tente de relier la turbine d'un jet-ski Kawasaki 15F placé sur une remorque à une longue manche de pompier. Fred et Seb, mes potes de l'aventure américaine, sont de la partie. Quand le *flyboard* fonctionnera, ils seront les tout premiers à le tester. Mais pour l'instant, je ne réussis pas encore à décoller à plus cinq centimètres. Je deviens la risée de toute la plage. Mes potes en rigolent encore !

Pourquoi cela ne marche-t-il pas ? En homme têtu, je me penche sur un logiciel de mécanique des fluides. Je réalise plusieurs calculs techniques et m'aperçois que nous avons dissipé trop d'énergie dans le tuyau. Nous n'avons pas assez de puissance pour décoller. Un jour, je demande à ma femme d'appuyer sur le démarreur et d'accélérer avec vigueur. D'un coup, alors que j'ai le tuyau encore à la main, je m'envole grâce à la force de l'eau. Et comme dans les films, je me vois en train de taper dans tous les sens. Ensuite, je reste plusieurs semaines dans mon garage à améliorer le système et mettre au point un engin plus stable, capable de faire voler un humain avec un jet d'eau. Au début, par exemple, le *flyboard* ne fonctionnait qu'en marche arrière, il était composé de bois et de carbone. J'ai construit une dizaine de prototypes avant de réussir à fabriquer un engin fiable se baladant à un mètre puis un mètre cinquante de hauteur, avant d'atteindre les 15 mètres d'altitude. À cet instant, j'ai pris conscience du potentiel de mon invention car chaque essai attirait des centaines de personnes sur la plage. Je me suis posé et j'ai vite foncé déposer un brevet d'inventeur à l'Inpi.

J'ai rapidement amélioré, bricolé, fait quelques réglages et construit le prototype quelques jours avant mon départ pour la Chine. J'ai dit à tout le monde :

— Les gars, j'essaie encore une fois et si cela fonctionne bien, je l'emporte dans l'avion !

Banco ! On a décidé d'emporter cet attirail pour la dernière compétition de l'année qui se tenait début octobre 2011 à Liuzhou, en Chine. Je me souviens avoir vu Krystel me filmer une nouvelle fois avec son téléphone portable. Les Chinois ont bien apprécié, les médias locaux en ont parlé et j'ai commencé à me dire que cela valait peut-être le coup de fabriquer une cinquantaine de *flyboards* à destination des bases nautiques et des loueurs de jet-ski de l'Hexagone. Mon intention était de souder des tuyaux et de fabriquer les kits dans mon garage du Rove, où j'ai tous les outils sous la main. Ma femme s'occupera de la partie commerciale. Un nouveau business émerge, comme à nos débuts avec les jets à bras.

À Liuzhou, j'effectue un premier vol aux commandes de cet engin volant qui ne s'appelle pas encore le *flyboard*. Des milliers de Chinois assistent à la démonstration et immortalisent la scène avec leurs téléphones portables. C'est la folie ! Je fais la une des journaux et des chaînes de télévision locale. On m'appelle déjà « *Aquaman* ».

Krystel m'a filmé avec son téléphone portable, elle a publié la vidéo sur notre compte Facebook. On fait une dizaine de vues, cela a généré quelques contacts en France et des loueurs nous ont dit : « Ce serait bien d'en fabriquer, on en veut », mais rien de plus. Ensuite, on a décidé de réaliser pour YouTube un petit film sur le *flyboard*. Avec nos jets de compétition, j'avais déjà remarqué que nous avions fait de bons scores. De retour à Marseille, on a tout replié, tout rangé dans mon atelier, puis nous sommes partis en voyage de noces, les téléphones en mode avion. On en reparlera à notre retour.

15

Un succès mondial

N'ayons pas peur des mots. À notre retour de voyage, en ouvrant nos ordinateurs portables, on constate que notre vidéo de *flyboard* a littéralement cartonné sur YouTube. Les bras m'en tombent, c'est un vrai buzz ! Cette succession de figures aériennes, plongées dans l'eau et autres back-flips ou sauts de dauphin font plusieurs millions de vues à travers le monde. On a reçu aussi des centaines d'e-mails. Tout est parti de là. Cela contribuera à développer notre nouvelle activité. Krystel est heureuse, moi aussi.

Pour le jet-ski et la suite de mon activité de constructeur et de pilote, la question ne s'est même pas posée. Allons-nous continuer ? Ma femme et moi, on ne s'est jamais demandé si j'allais poursuivre la compétition à haut niveau. Car à cette époque, on vivait une vraie galère : pas d'argent, des problèmes d'homologation, des jalousies, des pièces qui manquent. Tout ça, c'était terminé ! On a rangé la machine de course dans mon garage et on est parti, tambour battant, dans un tout nouveau business. L'opportunité de ma vie ?

À ce moment-là, notre vie change radicalement. J'ai compris que tout ce que j'ai appris, tout ce que je sais faire, je peux l'exploiter pour autre chose que passer des années à courir comme un dingue en jet-ski. C'est vrai, j'ai passé des moments extraordinaires, je garde de bons souvenirs de cette époque, mais j'arrive à la fin d'un cycle. J'ai atteint la trentaine, j'ai une femme, depuis 2009 je suis le père d'un enfant adorable et je n'ai aucun avenir financier. S'ouvre enfin une réelle opportunité que ma société devienne plus importante et qu'elle se développe au niveau international. Mon épouse et moi allons pouvoir voir plus loin qu'à deux jours ou une semaine. Je vais pouvoir utiliser toutes mes connaissances techniques et mes talents sportifs pour changer ma vie, même si le chemin est encore long…

Au début de l'année 2012, le business du *flyboard* s'avère prometteur, les commandes pleuvent. En quelques mois on a signé près de 250 contrats à travers le monde. Pour apporter de l'oxygène à notre trésorerie, nous avons demandé des acomptes sur les livraisons à nos clients en échange d'une exclusivité sur plusieurs territoires. Le marketing fonctionne presque tout seul. Sur les réseaux sociaux, dans les clips de musique, dans la presse people, la presse quotidienne généraliste, les news ou les chaînes de télévision de toute la planète… on nous voit partout. Leonardo DiCaprio s'éclate en *flyboard* à l'été 2013 sur Ibiza, c'est le phénomène de l'été. Je suis invité régulièrement dans des émissions à forte audience pour parler de cet engin hors du commun que nous allons vendre à près de 15 000 exemplaires en plusieurs années.

Une seule partie du monde échappe à ma petite entreprise Zapata Racing : le Moyen-Orient. Nous n'avons pas encore officiellement de distributeur dans cette partie du monde. À Dubaï, aux Émirats arabes unis (EAU), un certain Cheikh Hamdan ben Mohammed Al Maktoum a flashé sur notre engin grâce aux réseaux sociaux. Dès la sortie de notre vidéo YouTube, il a été un des premiers à nous contacter. Connu sous le nom de Fazza (qui signifie « celui qui vient en aide » en arabe), ce champion et passionné d'équitation de 29 ans est depuis 2008 le prince héritier de Dubaï. Un matin, je suis contacté par son service de communication. Il m'invite et m'offre un billet d'avion pour que je vienne présenter mon prototype du *flyboard* aux EAU. Le prince veut le tester. On verra bien !

En janvier 2012, je m'envole pour la ville de la démesure avec mon matériel en soute. Cette région offre un énorme potentiel en termes de chiffre d'affaires, surtout si nous réussissons à obtenir le soutien et le feu vert de la famille royale. Je vais devoir patienter pour obtenir un premier rendez-vous avec Fazza

En février 2012, nouveau rebondissement dans ma carrière de pilote et de constructeur que je pensais achevée à jamais. Un matin, mon portable sonne avec un numéro commençant par l'indicatif de l'Italie. En ligne, Mme Lavinia Cavallero. La coorganisatrice du championnat du monde de Jet Aquabike me demande si je veux m'inscrire en tant que pilote au prochain grand prix UIM qui aura lieu au Qatar. Elle évoque aussi une démonstration de *flyboard* en public dans la marina de Qatar Marine. Il faut savoir qu'une longue rivalité oppose ce petit mais opulent pays du golfe Persique aux EAU, dont Dubaï fait partie. Les organisateurs du grand prix à Doha voient d'un mauvais œil la victoire potentielle d'un pilote concurrent venu de l'émirat voisin, un certain Nadir Bin Hendi.

Seul, je m'interroge longuement sur cette proposition incongrue car, récemment, on m'a interdit de participer à des courses avec mes propres jet-skis, la société Zapata Racing n'ayant pas fabriqué le quota des 50 machines requises pour pouvoir s'aligner officiellement en grand prix.

— Pas de souci Franky, on va changer le règlement, me dit-on.

À cet instant précis, je prends conscience des excès de ce sport motonautique, ce système de « petits arrangements entre amis » contre lequel je me suis battu pendant plus quinze ans. J'en garde un goût vraiment amer. Mais il vaut mieux entendre ça que d'être sourd !

— Si vous changez le règlement, je dis OK. Mais pour la démonstration de *flyboard*, ce ne sera pas gratuit. Vous devrez payer 10 000 euros pour la démonstration, prendre en charge tous mes frais, plus le transport en avion de mon matériel, car le temps presse avant le grand prix !

Vous n'allez pas me croire. Le règlement de la course a été modifié dans la journée. Je m'envole à la fin du mois de février 2012 pour l'aéroport international Hamad de Doha. Dans la soute, on embarque une machine de course faite de bric et de broc, le prototype du *flyboard* et un équipement sommaire pour le réparer. Je suis venu en petit comité avec plusieurs amis qui font figure d'assistant et de mécanicien. Au Qatar, je me retrouve avec plusieurs compatriotes et copains comme Cyrille Lemoine, François Medori ou Teddy Pons. Je suis inscrit dans la catégorie reine du runabout F1 pour ce grand prix du Qatar qui commencera officiellement le 1er mars avec des essais officiels. Au cours de la première manche remportée par le pilote tricolore Cyrille Lemoine, je dois abandonner suite à la casse de la batterie de mon jet. Quelle erreur ! Tout bêtement, je n'avais pas pris soin de la changer juste avant de m'envoler à Doha

Dans la seconde manche, je prends rapidement la tête du grand prix. Mes mains tremblent dans le clapot, je souffle un peu, j'ai mal aux bras. Dans un virage, je pars en tête-à-queue, à deux doigts de tomber. En pilote aguerri, je commence à prendre conscience que je n'ai plus la même forme qu'auparavant. Si j'effectue un come-back dans la compétition il va falloir que je revoie de A à Z ma condition physique. Ne plus savoir où tu en es, c'est risquer l'accident…

Au coup de sifflet final, je remporte haut la main cette seconde manche et rafle 25 points au classement, un score qui me permet de terminer dans le top 5 du grand prix du Qatar. En catégorie jet à bras Ski Division GP1, Jeremy Poret domine les deux manches pour remporter la compétition au classement général. De son côté, la jeune Française Julie Bulteau termine sur la troisième marche du podium de la catégorie Ski Ladies GP1. Excellentes nouvelles ! Ces deux pilotes tricolores naviguent sur les FZ de Zapata Racing !

Après le podium et la démonstration de *flyboard* devant des locaux médusés, le responsable de Qatar Marine vient me voir. Nos podiums et ma prestation avec mon engin volant l'ont définitivement séduit. Je signe avec lui un accord pour la commercialisation des *flyboard*s dans la zone du Middle East. Pari tenu ! Avec Krystel, je suis venu à Doha non pas seulement pour la compétition, mais dans l'optique de trouver un distributeur local couvrant la région du Golfe.

J'ai bien fait de venir. Les années qui vont suivre, mon carnet d'adresses au Moyen-Orient va se remplir et les *flyboard*s vont se vendre comme des petits pains. Grâce au soutien d'importants sponsors, nous organisons plusieurs coupes du monde de *flyboard* dans le golfe Persique. La première compétition se tiendra en octobre 2012, à Doha, avec une cinquantaine de riders issus d'une vingtaine de nationalités, preuve s'il en est que ce sport nautique fait des émules partout dans le monde. Les compétiteurs de la première *Flyboard World Cup* doivent effectuer un certain nombre de figures imposées, en l'air et reliés à cet énorme manche de pompier. Ils enchaînent des programmes libres et s'affrontent *via* un processus d'élimination directe devant un parterre de juges, à la manière des compétitions de surf.

Suivent en novembre 2013 une autre coupe du monde de *flyboard* au Qatar puis deux éditions à Dubaï en 2014 et 2015, Naples en Floride en 2016 et enfin la der des ders en France se tiendra à Cavalaire-sur-Mer à l'automne 2017, avec la bande de Vincent Lagaf.

En 2013, le *flyboard* a gagné ses lettres de noblesse. Je participe sur la chaîne M6 à la saison 8 de l'émission populaire *La France a un incroyable talent* animée par Alex Goude. Près de 4 millions de téléspectateurs regardent les différents épisodes. Je vole avec mon engin hydropropulsé et son énorme tuyau dans un minuscule studio sis en région parisienne, pas vraiment adapté à ce genre d'ovni. Les compteurs de nos réseaux sociaux montent en flèche, on reçoit des centaines de messages d'encouragement. Le jury comme le public sont séduits, nous sommes propulsés en finale face à onze projets concurrents pour arriver en huitième position.

Cette saison 8 est remportée par un acrobate de cirque, c'est le jeu. L'équipe Zapata est un peu déçue mais ravie d'avoir vécu cette expérience originale. On a beaucoup galéré pour venir à Paris, notamment en termes de logistique, pour trouver un jet-ski sur place, mais on a aussi bien rigolé en coulisses. Cela restera un excellent souvenir.

16

Une fin de carrière

Voilà, c'est fini. En revenant de Doha au printemps 2012, je sais déjà que je viens de refermer un long chapitre de ma vie sportive. Le grand prix du Qatar a été la dernière grande course de ma carrière de pilote. Dans mon esprit, le jet-ski en compétition appartient au passé ! Les années se succèdent, je supporte de moins en moins cette pression permanente et l'idée de devoir aller au sport tous les soirs à 6 heures. J'en ai ras le bol et je souhaite m'affranchir de cette existence. Ces années de jet où je devais absolument gagner pour pouvoir faire vivre mon entreprise et assurer le futur de ma famille, je n'en veux plus. Je me suis aperçu en rentrant du Qatar que notre avenir dépendait de nos victoires ! Krystel et moi, on devait tout faire : le pilotage et la mécanique. On connaissait aussi le degré d'implication qu'il fallait pour gagner et je sentais mon niveau physique diminuer. Je ne souhaitais plus m'engager et courir pour perdre…

Mon vrai métier à cette époque, c'était non pas travailler mais survivre. J'ai appris à m'adapter à toutes les situations, j'ai un bon instinct de survie. J'ai appris la mécanique par hasard, j'ai appris le développement par hasard et puis j'ai créé ma boîte encore par hasard car aucune grosse entreprise internationale comme Kawasaki ou BRP ne souhaitait encore me sponsoriser après la crise financière de 2008. Un jour, je me suis dit : « Pas de problème je vais créer ma propre marque de jet-skis ! » Ce sera la seule PME face aux géants de la discipline. En trois ans, on a fabriqué entre 50 et 60 unités par an, on les aura vendues partout sur la planète et, avec Zapata Racing, j'aurai gagné un palmarès incroyable dont 18 titres mondiaux !

Pendant près de deux ans, j'ai mis le sport de haut niveau entre parenthèses. Pire, j'ai diminué ma pratique de toute activité sportive en dehors de quelques sorties en VTT dans les collines du Rove avec mes meilleurs amis. Petit à petit, j'ai repris goût à l'effort. Le sport, c'est dans mon ADN, non ?

Certains de mes potes, y compris ceux qui n'étaient pas de grands sportifs, se sont mis sérieusement au VTT. On s'est donné des challenges, on s'est pris au jeu d'organiser au débotté des compétitions, de rouler pendant des heures sous la chaleur. J'ai repris le plaisir à pédaler et me battre avec mes amis sans pour autant établir d'objectifs. Et puis les premières expériences en *flyboard* air sont arrivées, je volais trois ou quatre minutes et je n'avais plus de cuisses. Je me suis demandé si j'allais pouvoir continuer et tenir.

À cette même époque arrive en Europe la nouvelle vague du crossfit, une activité sportive mixant fitness et exercices de musculation avec du renforcement musculaire et du cardio. J'ai toujours préféré les activités en extérieur, je n'aime pas trop le sport en salle mais mon épouse avait un ami d'enfance qui avait monté un club à Marignane. Après avoir longtemps pratiqué l'aquagym, Krystel s'y était inscrite avec des copines car elle n'aimait pas trop rouler avec nous en VTT. Ce n'était pas son truc.

— Tu devrais essayer le crossfit, cela ressemble beaucoup aux exercices de PPG (préparation physique générale) que tu faisais avant avec mon père, me dit-elle. Tu devrais venir !

— Krystel, c'est un truc de vieux, de filles… me moqué-je.

Le week-end suivant, je me résigne à venir dans le club. J'accroche direct car les exercices proposés ressemblent en effet fortement à ceux que je pratiquais avec Éric, le père de Krystel…

Avec le crossfit, je reprends goût au sport et la différence de condition physique et d'endurance se fait sentir avec mon *flyboard* air. Je progresse tous les jours et j'adore cela. Aujourd'hui, j'ai l'impression de m'entraîner beaucoup plus qu'à l'époque de ma carrière de sportif de haut niveau. Cela représente au moins neuf entraînements par semaine.

17

Les procès

Il fallait au moins ça pour affronter d'autres défis. Juridiques cette fois. L'histoire va s'étaler sur près de dix ans. Je reçois à cette époque plusieurs lettres recommandées, assignations au tribunal et autres appels téléphoniques relatifs au *flyboard*. En décembre, je suis contacté par un professionnel allemand qui dispose de la licence exclusive en Europe du Jetlev Flyer. Il travaille en fait pour le compte de la société américaine basée à New York qui a mis au point cette machine volante. Ressemblant de loin à mon engin nautique mais beaucoup moins performant, cet engin hydropropulsé embarque un énorme sac à dos et permet de se déplacer sur l'eau à une hauteur de 8 mètres. L'entreprise veut m'assigner en justice et me réclamer des dommages-intérêts pour violation de brevet. Le distributeur allemand me menace : « Tu ne sais pas contre qui tu vas te battre, ils sont multimillionnaires, ils vont t'écraser. » Il faut se rendre à l'évidence : la bagarre arrive. C'est paradoxalement la chance de ma vie. Il y a des millions d'euros en jeu. Tout le monde me disait : « Face à eux, tu ne tiendras pas. » Mais comme dans une épreuve sportive, je peux vivre en guerre. J'applique les mêmes règles qu'au karaté pour pousser l'autre à la faute, c'est une partie d'échecs.

En 2017, nous avons été assignés en justice outre-Atlantique. Un pratiquant de *flyboard* américain, ami d'un de mes distributeurs au niveau local, s'est noyé. La raison ? Il avait changé et noué les chaussures de son *flyboard* sans respecter les consignes de sécurité clairement édictées dans notre manuel d'utilisation. Il a réalisé des back-flips, retourné le jet-ski accompagnateur, pratiqué le *flyboard* dans une rivière avec un violent courant avant de se faire ancrer au sol. Dans l'impossibilité de se dégager, pour ne pas perdre sa planche, il a retiré le gilet de sauvetage, plongé pour défaire les nœuds de ses chaussures, en vain. Autour de lui, personne n'a pensé à tirer le jet du bon côté. Le pauvre homme n'est jamais remonté à la surface. Cela nous a beaucoup marqués. C'était la première fois, en sept ans de commercialisation, qu'un tel drame arrivait. On se sentait responsables malgré la mauvaise gestion de la sécurité de l'utilisateur. J'ai donc décidé que ma société verserait une indemnité de 50 000 dollars sur un compte bloqué pour la fille de cet homme, âgée de 6 ans. Elle pourra récupérer ce pécule à sa majorité pour payer ses études. Le cœur serré, j'ai cru bien faire.

Rapidement, mes contacts aux USA m'ont appris que l'ex-femme de la victime s'en était mêlée en prenant un avocat gratuit rémunéré au pourcentage, comme il est de coutume aux USA, soit 50 % pour l'homme de loi et 50 % pour la veuve et sa fille. Ils ne voulaient pas 50 000 dollars mais réclamaient 35 millions ! Une histoire de fou. L'avocat s'est mis à attaquer toutes les structures qui portaient le nom Zapata, incluant la holding dans laquelle figuraient nos finances et notre trésorerie. On allait tout perdre !

Fort heureusement, l'avocat américain ne connaissait pas grand-chose aux lois internationales et aux procédures en vigueur en France. Il a commis plusieurs erreurs et vices de forme l'empêchant de nous assigner en justice. Ses frais d'honoraires doivent commencer à chiffrer. Un soir, en 2018, je reçois un appel des États-Unis. Ils veulent trouver un accord. J'accepte en partie ce compromis en leur demandant de « tirer » sur la bonne entreprise, dénommée Personnal Water Craft Product (PWCP) et non pas sur notre holding. Les Américains acquiescent et commence alors une véritable guerre juridique avec notre assureur, Allianz. Dès qu'il est prévenu, celui-ci nous retire le contrat couvrant nos activités de *flyboard*. Plus d'assurance pour nos *flyboards* ! J'entame alors un nouveau combat juridique à coups d'avocat, de lettres recommandées et de temps perdu au moment même où je développe le *flyboard*.

En dernier recours, je m'accroche à ce que je considère encore comme la pire plaie de l'humanité et en même temps une bouée de sauvetage qui m'a toujours servi : les réseaux sociaux. J'ai existé et été sauvé grâce à eux et à la vidéo du *flyboard* postée en 2011.

Je les mets en garde par téléphone :

« Messieurs, regardez le post Facebook que j'ai publié un an auparavant. J'ai aujourd'hui le droit de voler ! »

J'ai la chance d'être suivi par des millions de followers et autres admirateurs de mes exploits. Je menace de prévenir les médias et de raconter cette histoire et la manière dont ma société d'assurance traite ses clients, sur les réseaux sociaux. Je lui demande de ne pas renouveler mon contrat mais de le conserver jusqu'à la fin de l'année. Mon entreprise dispose encore d'un stock de matériel équivalent à 1,5 million d'euros prix coûtant, soit 3 à 4 millions de chiffre d'affaires. Nous allions entraîner une vingtaine de sous-traitants dans cette débâcle financière. Ils m'interrogent :

— Qui va vous défendre ? Vous avez un avocat ?

— C'est vous qui allez prendre un avocat. Écoutez bien, si vous ne nous défendez pas, c'est votre société qui va payer les 100 millions de dollars ! Ce n'est pas Franky Zapata en tout cas…

La négociation avance, les échanges sont nombreux. L'assureur accepte de prendre un avocat et me garde comme client jusqu'à la fin de l'année. En six mois, je dois tout vendre et rembourser l'intégralité de mes dettes auprès des fournisseurs. Le procès va durer des années avec des expertises et contre-expertises pour s'achever du jour au lendemain sur un *statu quo*. Aux États-Unis, il existe une démarche spécifique appelée le *dismissal without prejudice*. Cela consiste à geler un conflit, d'un commun accord, pour une durée maximale de six mois. C'est ce qui nous arrive. Si la procédure n'est pas relancée dans les six mois, l'affaire sera définitivement classée. On compte les jours comme des prisonniers. Mon entreprise est sauvée car, au même moment (février 2019), l'État français nous verse l'équivalent de 800 000 euros en crédit d'impôt recherche (CIR). On vient aussi de remporter un autre combat juridique à 2 millions de dollars, encore aux États-Unis, pour une affaire de contrefaçon du *flyboard*.

Aux USA, la procédure est relancée, le procès, rouvert *via* un autre avocat la veille de la date fatidique des six mois. On reprend le contact avec lui et entamons une nouvelle négociation financière pour, ce que je considère comme étant une indemnité compensatrice.

— J'estime le préjudice à 700 000 dollars, me rétorque l'américain.

Je contacte mon assureur qui propose 70 000 dollars, bien loin des 35 millions du début. La procédure est arrêtée et la partie adverse accepte ce *deal* avec 35 000 dollars pour l'avocat et 35 000 pour la veuve. Une somme inférieure aux 50 000 dollars que nous avions proposés au moment du drame à la famille de la victime... Avec la pandémie du Covid-19, le système d'indemnisation mettra plus de deux ans pour aboutir. Tout ça pour ça !

Le procès a englouti ma société dédiée au *flyboard*, elle a été liquidée. Plus tard, j'ai pu récupérer et isoler le précieux brevet du *flyboard*, cette licence exclusive. Mais comment gagner de l'argent avec un nouvel engin, le *flyboard* air, qui nous coûte beaucoup et ne nous rapporte rien à ce moment-là ? Les produits nous donnent une visibilité médiatique, du marketing et des revenus avec des ventes. Nous faisons aussi des air-shows et des démonstrations. Au moment où nous pouvons nous relancer, j'ai signé avec mon nouvel associé, un riche homme d'affaires allemand, pour lever des fonds pour ma nouvelle entité, Z-Air. Mon associé ne souhaitait pas que je continue à développer le *flyboard* à eau, il voulait que je me consacre à 100 % à la version *flyboard* air. Finalement, un confrère français installé en Pologne, le meilleur distributeur de l'époque, s'occupera de la vente des *flyboards via* une autre société. *Idem* pour mon ami Stéphane Denis, qui coordonne la partie spectacles et exhibitions des *flyboards* à eau à travers le monde. L'affaire se porte bien, le *flyboard* à eau continue, dans les bases nautiques, à séduire des milliers de pratiquants de 7 à 77 ans, sans compétence particulière.

18

Le *flyboard* air

Pour être honnête, l'idée du *flyboard* air m'est venue très tôt, lors de mes premiers essais en *flyboard* à eau, vers 2011-2012. En travaillant plusieurs mois sur cette première invention du prototype nautique, j'ai réussi à m'envoler. J'ai pensé que ce serait génial de créer une machine sans tuyau, autonome, capable d'aller n'importe où et sans aucunes contraintes. À cette époque, mon plan est clair : c'est le moment pour moi. Sur les réseaux sociaux, on voit en effet passer une kyrielle de projets et autres vidéos 3D plus ou moins farfelus.

J'ai aussi un flash à l'occasion d'une rencontre fortuite avec Yves Rossy à Dubaï. J'ai eu le privilège de suivre en hélicoptère celui qu'on appelle désormais « *Jetman* ». Avec une petite aile en fibre de carbone et des moteurs à réaction qui lui donnent une allure de héros Marvel, ce pilote d'avion suisse vole à pleine vitesse. Un autre homme volant, en quelque sorte.

Au début du projet de planche volante, j'ai longtemps tourné en rond et failli y laisser mes doigts ! Un matin, en 2015, je reçois dans notre atelier d'importants fournisseurs du *flyboard* dit nautique. Comme souvent, je décide de leur présenter mes projets, et ma dernière machine à l'état de prototype. À ce moment, nous avons encore une propulsion avec des moteurs électriques. Je démarre l'engin et la machine part en vrille. Je tente de l'arrêter avec un balai car mon fils Matt n'est pas loin. J'essaie de la retenir, ce n'est pas facile car il y a 50 kilos de batteries en lithium à l'intérieur, cela pousse fort, c'est une petite bombe. Alors que je veux la plaquer par terre et détacher les fils électriques, je me coince les doigts et me coupe dans les hélices des turbines électriques. Le prototype volant s'arrête, je ressens comme une douleur. Je fonce dans le bureau de ma femme situé à quelques mètres de l'atelier.

Krystel me regarde, estomaquée, et me lance :

— Oh punaise Franky, ça va bien ? Assieds-toi, tu as les doigts en sang. J'appelle tout de suite les pompiers !

Aux urgences de l'hôpital, on me dirige rapidement vers un service spécialisé dans la main. Le personnel médical constate que j'ai eu le bout de deux doigts poncés jusqu'à l'os. Il me manque un centimètre. En détail, le chirurgien m'explique qu'il va devoir arracher l'ongle et rabattre la peau dessus ou au contraire laisser la peau revenir en prenant en compte des risques d'infection. Comme j'ai une bonne hygiène de vie, que je ne bois pas, que je ne fume pas et que je pratique régulièrement du sport, tout va pouvoir redevenir comme avant ou presque. En moins de deux mois, je vais retrouver mes phalanges et ma sensibilité, sauf peut-être celle qui se situe au milieu des doigts. Cela ne m'empêchera jamais de travailler. J'ai été quitte pour une belle peur.

De retour au Rove, ma femme respire. La voilà rassurée, elle s'empresse de me faire une leçon de morale :

— Franchement Franky, je ne comprends pas pourquoi tu cherches toujours les ennuis, à inventer autre chose. On a déjà le *flyboard* à eau qui fonctionne bien, on a une vie super, on est heureux, notre fils Matt va bien. Pourquoi tu t'entêtes à créer des trucs complètement fous, à risquer ta vie ? Notre société a encore besoin de toi, non ?

— Ma chérie, c'est vrai tu as complètement raison. Je vais y penser, c'est promis.

Krystel n'a pas trop l'habitude de me parler de cette manière. Elle m'a toujours laissé faire ce que je veux. Mon épouse me donne régulièrement son point de vue, on échange le soir à la maison après le sport en salle mais elle va rarement contre mes décisions. Cette discussion a provoqué chez moi comme un électrochoc. C'est vrai, j'ai tendance à vouloir développer mes inventions trop rapidement. Je vais prendre du recul et surtout élaborer des normes de sécurité plus sévères lors de mes tests.

Dans l'atelier Zapata Racing, on s'attelle à la tâche. Au fil des mois, je suis passé des moteurs deux-temps aux moteurs électriques avant d'arriver à l'idée des microturbines. Au début, il y en a quatre au total. Elles sont alimentées en kérosène. La planche volante commence à fonctionner dans l'atelier mais l'engin tourne dans tous les sens et n'offre aucune stabilité. Avec mes collègues, on doit se plonger dans les systèmes de stabilisation à l'image de ce que qui existe pour les drones de loisirs ou professionnels. Encore une fois, je m'oblige à apprendre un métier qui n'est pas le mien, je ne comprends rien et on doit acheter des cartes de stabilisation puis créer des programmes en partant de zéro. Plus tard, je vais créer un bureau d'études, recruter des ingénieurs qualifiés et on travaillera sans cesse sur ce projet.

Et puis un jour, miracle ! Au printemps de l'année 2016, j'arrive enfin à décoller ; et surtout à me poser tout seul. Je prends vite confiance. À ce moment, on pense avoir inventé un produit révolutionnaire, après quatre années de labeur, de ratés, et de déceptions.

On imagine pouvoir le commercialiser à l'image du *flyboard* à eau. Mais en fait, on n'est prêt. Absolument pas. Le *flyboard* air est une machine complexe, élitiste et compliquée à piloter dans sa version du moment qui réclame une excellente condition physique, non pas au niveau du cardio, mais des quadriceps. Il faut pouvoir se tenir debout comme dans l'exercice de la chaise bien connu des sportifs : on colle son dos droit au mur, les jambes forment un angle droit et les cuisses sont parallèles au sol.

À l'inverse, sur un plan technique, mon hoverboard s'apparente à un jeu de gosse et non pas à un engin volant sophistiqué. Tout le monde s'est emballé mais je raconte souvent que c'est un jouet avec une télécommande et deux piles de type AA. Si une pile est usée, je tombe dans l'eau. C'est aussi simple que ça !

En 2016, à Sausset-les-Pins, dans les Bouches-du-Rhône, se déroule mon premier vol officiel. L'engin en question est équipé de quatre moteurs à turbine d'une puissance totale de 250 chevaux. Sur le papier, la planche volante noire se montre capable de voler à plus de 150 kilomètres à l'heure à une altitude proche des 3 000 mètres, pendant une dizaine de minutes. La scène est immortalisée par une vidéo. Bien entendu, on s'empresse de la publier sur YouTube et sur d'autres réseaux sociaux. En quelques minutes, elle fait un énorme carton. Bizarrement, beaucoup de personnes pensent à cette époque que tout ce qu'on développe est bidon.

Les jaloux et autres envieux sortent du bois. Les commentaires fusent : « C'est un fake », « Ils ont effacé le câble qui le relie au sol », « C'est un photomontage », « Il y avait un hélicoptère », etc. Sur la toile, on entend tout et n'importe quoi. Du coup, cette même année, on décide d'organiser un record officiellement homologué par le sérieux *Guinness Book.* L'idée est de réaliser une traversée dans les airs entre Carry-le-Rouet et le petit port de Sausset-les-Pins, soit environ 3 kilomètres de distance, en battant le record mondial de vol en planche volante dite hoverboard. Inconscient, j'annonce une date et un horaire au hasard, sans tenir compte des aléas de la météo.

Samedi 30 avril 2016. Face à une foule de médias dont plusieurs équipes de télévision américaines et une foule curieuse, je m'envole tambour battant en direction de Sausset-les-Pins en effleurant la mer Méditerranée, après quelques problèmes techniques au démarrage. Pour ma sécurité, on a prévu une horde de bateaux à moteur et motomarines d'assistance suffisamment motorisés pour me suivre sur une mer potentiellement agitée. Le temps est nuageux et la visibilité, moyenne. Ma télécommande dans la main, j'établis un vol de plus de 2 252 mètres à une altitude d'environ 15 mètres, à une vitesse moyenne de 60 kilomètres à l'heure. Le précédent record du monde appartenait au Canadien Alexandru Duru. Il n'avait volé que 275 mètres. C'est incroyable ! Mes proches ont les larmes aux yeux en me voyant atterrir.

Mon exploit est donc enregistré dans le livre des *Guinness World Records*, une institution sérieuse et respectée, cela a permis au public de dissocier le faux du vrai. Ce record du monde arrive deux mois à peine après le premier test réussi de mon *flyboard* air. Je suis sur un petit nuage !

En 2017, les recherches en développement se poursuivent. Notre engin volant a beaucoup gagné en autonomie et en vitesse de pointe. Il pourra en théorie flirter avec les 250 kilomètres à l'heure, aussi rapide qu'une super-sportive. Le *flyboard* air est presque devenu techniquement ce qu'il est aujourd'hui. On se professionnalise et les tests se succèdent dans le sud de la France. À la suite d'un vol d'essai réalisé à proximité de la ville de Martigues, dans les Bouches-du-Rhône, je suis convoqué au mois de mars par la DGAC (Direction générale de l'aviation civile). Alors que je suis en contact depuis plusieurs mois avec eux, les gendarmes du ciel me reprochent de ne pas respecter les règles minimales de sécurité en survol car mon engin est désormais considéré comme un aéronef. Il ne peut plus voler car il ne possède pas d'immatriculation ni de zones précises de vol. Je ne dispose pas non plus d'un permis pour voler comme un pilote de drone ou d'ULM. On se retrouve dans un véritable flou juridique, mon *flyboard* n'est pas homologué, il n'entre dans aucune catégorie. C'est impensable mais je risque d'être mis en garde à vue et m'expose à de lourdes sanctions juridiques. Je suis passible d'un an de prison et encours jusqu'à 75 000 euros d'amende. En attendant, ma machine volante est clouée au sol.

Le vendredi 10 mars 2017, je me décide sur le coup de la colère à publier un virulent post sur mon compte Facebook. À chaud et sans réfléchir, je dénonce cette situation ubuesque qui consiste à interdire mon invention *made in France* qui fait tourner une entreprise innovante et fait vivre à l'année une dizaine de personnes. Mon pamphlet fait une nouvelle fois le buzz, une pétition pour que le *flyboard* vole en France récolte des milliers de signatures, les médias et les politiques s'emparent de l'affaire. Je suis invité sur les chaînes d'information et les radios nationales. Au micro de RTL, j'explique : « Nous sommes devenus illégaux du jour au lendemain. Quand l'innovation arrive elle fait peur à tout le monde et tout le monde se retranche. Il y a des centaines de solutions pour nous laisser travailler et des solutions qui ne mettront personne en danger, je suis prêt à l'écrire et les signer. »

Dans cet excès de colère, je menace de quitter la France que j'aime tant et qui m'a tout donné si aucune autre solution n'est trouvée. Il est vrai que plusieurs grandes entreprises et nations me proposent déjà des ponts en or, à l'image du Qatar et des États-Unis qui disposent d'une réglementation plus souple pour ce genre d'engins volants et peuvent lever des millions de dollars en quelques jours.

À la même époque, j'ai déjà des contacts avec l'armée américaine. Les militaires imaginent un dérivé du *flyboard* air à bord du duquel on pourrait poser un soldat des forces spéciales. Les Américains veulent qu'il puisse voler deux fois plus longtemps et qu'on puisse prendre en main la machine en deux ou trois heures. J'ai vite reporté la négociation car il faudrait probablement des centaines d'heures pour appréhender un tel engin en vol. Petit à petit, en travaillant dessus, on a eu l'idée de fabriquer un engin hybride en ajoutant deux grands tubes en carbone où le haut du corps est solidaire de la machine. Plus besoin d'énormes boots de snowboard comme avec mon *flyboard*, vous pouvez garder vos chaussures. Si vous vous penchez trop en avant, l'algorithme vous relève, il est donc quasiment impossible de tomber. On a rappelé l'armée américaine et on leur a annoncé qu'on pourrait faire voler prochainement un soldat lambda à une vitesse maximum de 110 kilomètres à l'heure pendant une trentaine de minutes. En janvier 2018, je révèle au public un nouvel engin baptisé Ezfly. Plus simple d'utilisation que le *flyboard* air et super intuitif, ce Segway des airs est resté en stand-by mais servira de base à d'autres projets comme ma future voiture volante, le *JetRacer*.

Entre-temps, les relations avec les autorités et les administrations françaises se sont apaisées. Mon coup de gueule et la mobilisation générale ont fait bouger les choses. La DGAC a précisé en avril 2017 que si tous les documents étaient en règle, un laissez-passer nous serait bientôt délivré pour une durée de six mois dans une zone délimitée, dans un secteur maritime à proximité de Sausset-les-Pins.

D'autres désagréments se profilent dans cette commune des Bouches-du-Rhône. Cette fois, c'est une poignée de voisins et plusieurs mauvais coucheurs qui jouent les trouble-fêtes quelques semaines après ma traversée de la Manche. Lors de mes vols d'essai en *flyboard* air à Sausset-les-Pins, on me reproche des odeurs de kérosène et un niveau de 120 décibels pour les turboréacteurs. « Comme un avion qui ferait des tours devant chez vous », diront-ils. Mes déplacements aériens perturberaient aussi la circulation sur la route départementale qui borde le site d'entraînement, les curieux s'arrêteraient en plein virage pour me voir évoluer en l'air. Bruit, pollution et odeurs. On nous accuse de tous les maux.

Rebelote ! Le 8 septembre 2019, je publie un post laconique sur ma page Facebook. En voici quelques extraits « Se faire découper dans les médias comme ça depuis hier ce n'est pas facile… 99,9 % des habitants me soutiennent ! Le pire, c'est qu'il n'y a qu'à aller voir sur la page de Sausset-les-Pins pour se rendre compte de leur soutien ! Tout ça pour ça ! J'ai risqué ma vie, je me suis entraîné des heures et des heures, on a bossé 12 heures par jour j'ai traversé la Manche, tout ça pour qu'à la fin tu tapes Zapata sur Google et qu'il n'en ressorte que du négatif ! Avec Krystel, nous ne sommes même pas énervés nous sommes juste déçus et tristes… »

Naît alors l'idée de trouver un nouveau spot pour implanter notre future usine, et une zone d'essais pour nos vols d'entraînement. En effet, la société Zapata s'est agrandie avec une vingtaine d'employées, notre garage du Rove devenant trop étroit. Adieu Sausset-les-Pins, ce sera Châteauneuf-les-Martigues, sis en bordure de l'étang de Berre, toujours dans les Bouches-du-Rhône. Soutenus par une importante levée de fonds et par des politiques locaux comme le député Éric Diard et le maire de Châteauneuf-les-Martigues, Roland Mouren, nous entamons la construction de locaux répartis entre plusieurs hangars et bureaux. J'avais repéré un terrain désaffecté de deux hectares au bord de l'eau. Le siège de mon entreprise Z-Air sera composé d'une partie administrative, une partie production et une autre dédiée aux essais et à la recherche. Une tour de contrôle regroupant toutes les données de vol est même au programme. Elle dominera la zone de décollage avec une vue imprenable sur l'étang de Berre.

Mes déboires et ennuis administratifs m'ont aussi paradoxalement offert une belle exposition médiatique. Avec mon *flyboard* air, je suis régulièrement convié à des démonstrations ou événements en tout genre. C'est parfois une importante source de revenus et toujours un énorme kif. Pêle-mêle, je retiens un vol au SuperCross de Paris en novembre 2018, une démonstration dans la capitale au pied de la tour Eiffel pour le Téléthon, un show aérien de nuit à l'occasion du Grand Prix F1 de Singapour, le circuit du Castellet en France, également pour le Grand Prix de F1, ou encore les 6 heures de Silverstone en Grande-Bretagne. Mais les plus belles expériences restent la traversée de la Manche en 2019, le vol à Monument Valley et, plus récemment, à Spa-Francorchamps, contre une F1.

En juillet 2018, j'effectue un survol en *flyboard* air de Monument Valley, un site désertique niché dans l'État américain du Colorado, entre l'Utah et l'Arizona. Un moment mémorable. Tu files droit devant toi, tu slalomes entre les canyons, tu ne penses plus à rien. Le coucher du soleil et ses reflets sur les roches ocre sont magnifiques. Matt m'observe de loin, planté au bord de la route.

Mon second plus beau défi, après la Manche et Monument Valley, a lieu plus tard, en août 2022, à Spa-Francorchamps, en Belgique. En ouverture du Grand Prix de Formule 1, je vais affronter une ancienne voiture de course sur le mythique circuit automobile connu des puristes. C'est un vol très engagé et physique car j'arrive en haut du raidillon à près de 180 kilomètres à l'heure. Le public est à fond. Je passe entre les arbres, un mètre d'écart de chaque côté du *flyboard* air. Ma concentration est totale, mon corps donne sa force maximale. En dessous bombarde l'ancienne F1 de Michael Schumacher avec un vrai pilote, de surcroît sur un circuit qu'il connaît comme sa poche. Tu dois signer des pointes à 230 kilomètres à l'heure pour le suivre et prendre des virages prononcés. Au drapeau à damier, je remporte le duel avec 4 ou 5 mètres d'avance seulement sur la Ferrari rouge. Temps du chrono : 2 minutes 20. Imaginez le travail que nous avons dû accomplir pour arriver à un tel exploit : avoir confiance en la machine, voler au ras du sol, à 230 kilomètres à l'heure, prendre des virages serrés et battre une Formule 1, le tout avec un pseudo-skate-board.

Honnêtement, ce sont des vols qui ont vraiment marqué notre travail d'équipe et mes compétences de pilote. Ces expériences ont été reconnues et médiatisées. Certaines beaucoup, d'autres pas. Pour le grand retour de la Formule 1 en France au circuit du Castelet dans le Var, j'ai par exemple apporté sur le podium le trophée au vainqueur de la course avec mon *flyboard* air. On s'attendait à une vague de retombées, cela a été relativement calme, peu de monde en a parlé. Au contraire, le 14 juillet a été très suivi, même si le défilé, cela reste entre nous, ne m'a demandé aucune compétence sportive.

19

L'accident de ski

L'année 2019 a commencé sur les chapeaux de roues. Avec le développement du *flyboard* air, ma participation à de nombreuses émissions de télévision en France comme aux quatre coins de la planète, les sollicitations pour des vols de démonstration sont nombreuses. Comme pour le lancement du *flyboard* à eau, les réseaux sociaux contribuent beaucoup à ma notoriété. On me voit souvent comme l'homme volant ou un Iron Man. Avec mon équipe, je dois faire le tri entre des propositions plus ou moins farfelues et un planning chargé. Quelques années auparavant, j'ai pris la décision d'ouvrir une société dédiée à l'organisation de spectacles nautiques avec le *flyboard* à eau de mes débuts, l'engin que vous pouvez tester dans les bases nautiques du littoral. C'est Stéphane, un ami proche, qui s'occupe de cette activité lucrative mais très chronophage.

Pour le reste, je partage mon temps entre le développement de ma machine, mes entraînements sportifs, ma nouvelle carrière de chef d'entreprise et ma vie de famille. Je cultive un goût immodéré pour les voyages, les nouvelles rencontres et les défis extrêmes en tout genre. C'est dans mes gênes.

Début février 2019, nous avons accepté un nouveau défi. Direction Abu Dhabi, la capitale des Émirats arabes unis, pour effectuer un vol de démonstration à l'occasion du championnat du monde Red Bull Air Race. Je vais me produire devant des milliers de spectateurs à proximité de la fameuse Corniche Beach. Lancé au début des années 2000, cet événement ultra-spectaculaire réunit quelques-uns des meilleurs pilotes d'avion de la planète et consiste en des slaloms aériens, matérialisés par des plots en tissu gonflés d'air, que les pilotes parcourent à basse altitude en contre-la-montre. Cet univers me fascine.

Je connais bien cette région du golfe Persique car, par le passé, j'y ai organisé plusieurs coupes du monde de *flyboard*, notamment au Qatar ou à Dubaï, et participé à plusieurs compétitions internationales de jet-ski en tant que pilote. Pour nous, l'Air Race, c'est aussi une bonne opération financière. Une « pige » à plusieurs milliers de dollars qui va nous permettre de financer nos projets et probablement la future traversée de la Manche qui est déjà actée pour l'été prochain…

Dans la foulée d'Abu Dhabi, toujours en février 2019, suivra un autre show en *flyboard* air dans le petit mais riche archipel de Bahreïn, à l'est de l'Arabie saoudite, à l'occasion d'un match officiel. On doit voler dans un stade de foot. À l'image des autres pays de la région du golfe Arabo-persique, les autorités et populations locales raffolent de ce type d'engins et multiplient les invitations à notre égard. Mes vols constituent une excellente opération médiatique et offrent aussi une belle visibilité sur les réseaux sociaux.

Mais à Muharraq, l'aéroport international de Barheïn, l'opération ne va pas se passer comme prévu. Ce qui devait être une simple formalité va se transformer en un imbroglio administratif. Notre machine intrigue les douaniers et les autorités bloquent le *flyboard* plusieurs heures à la douane. Il va falloir batailler ferme et réunir bien des documents pour rejoindre au plus vite l'hôtel. Je n'ai pas fermé l'oeil de la nuit.

Je n'ai pas ou peu de temps pour répéter le spectacle aérien et prévoir un vrai briefing avec les organisateurs. Ces derniers vont vite se retrouver un peu dépassés par ma prestation. Le show se déroule en nocturne. Krystel communique avec moi par radio. Je porte une combinaison ignifugée sur laquelle brillent plusieurs leds de couleur rouge. Face au public, je dois effectuer plusieurs slaloms et apporter le drapeau du royaume de Bahreïn. Un classique. Mais les organisateurs me demandent de voler plus haut, ils finissent par me mettre la lumière-poursuite dans les yeux. Ces flashs se confondent avec les reflets de la visière de mon casque, je n'y vois plus rien, ce qui rend mon vol de plus en plus difficile. Je serre les dents et Krystel s'impatiente. Les minutes en hauteur sont longues. Pour couronner le tout, les organisateurs vont finir par tirer un feu d'artifice à quelques mètres seulement de ma machine qui, je vous le rappelle, est remplie de kérosène. J'avais pourtant totalement interdit la chose lorsque nous avons signé le contrat. On a frôlé le drame, mais je finis par me poser sans encombre. Un salut amical aux organisateurs et au public, et on s'empresse de ranger le matériel dans les caisses.

Allez, on oublie tout ! Huit heures de vol en pleine nuit *via* Francfort et nous voilà le vendredi matin à l'aéroport de Marseille-Marignane. Je ne suis pas mécontent de retrouver mon chez-moi, éreinté par un début d'année chargé et cette succession d'événements à l'étranger. J'ai besoin d'un break et de repos !

De retour au Rove, Krystel a bien fait les choses. La femme de ma vie a quasiment rangé toutes nos affaires et a décidé de réserver un hôtel à Serre-Chevalier pour un week-end de ski en famille et entre amis. La station des Hautes-Alpes qui est un de nos spots préférés pour les sports d'hiver se gagne en un peu plus de trois heures de route. Cela tombe très bien, il a neigé fort les jours précédents et la météo est printanière avec beaucoup de soleil. On va se régaler. Matt est aux anges, le ski est son sport préféré. Mon fiston termine les cours assez tôt, on le récupère directement à la sortie de l'école. Les anoraks, gants, bonnets, masques et skis sont déjà dans le coffre. En route !

Depuis mon plus jeune âge, je suis accro aux sports de glisse et en particulier au snowboard. Vers l'âge de 16 ans, j'ai rencontré de manière fortuite un chic type qui était entre autres champion du monde des moniteurs de ski ou quelque chose de ce genre. Grâce à lui, je me suis entraîné comme un beau diable et j'ai participé à de nombreuses compétitions de *boarder-cross*. Ma famille possède un pied à terre à Orcières-Merlette. Cela m'a permis de surfer régulièrement mais également de connaître mon premier traumatisme crânien qui a marqué le début d'une longue série d'accidents. Cette petite station de ski des Alpes du Sud est bien connue des Marseillais et amateurs de sport d'hiver de la région sud. Je ne compte plus les week-ends et séquences de rigolades que j'y ai passés entre potes. Je me vois encore au volant de la New Beetle noire que mon père m'avait acheté pour mes 20 ans. Souvent, Fred et moi, on sautait à fond les dos-d'âne, on a même perdu une fois une partie du moteur. On partait de Marseille pour avaler 300 kilomètres en pleine nuit et rejoindre Orcières-Merlette vers 2 ou 3 heures du matin. Sans équipements, la voiture dérapait sur la neige…

À Serre-Chevalier, il a neigé toute la nuit. Le soleil brille. J'adore ces grands espaces et cet air pur qui tranche sensiblement avec l'ambiance lourde et la chaleur du golfe Persique d'il y a quelques jours. La montagne et le ski nourrissent cette passion que j'ai toujours eue pour la vitesse, la glisse et les trajectoires. Je retrouve les sensations et l'adrénaline du jet-ski. Je suis heureux à l'idée de retrouver plusieurs amis et de passer de bons moments avec mon fils avec qui je partage cette passion pour les sports d'hiver. Avec un planning chargé et ce projet de traverser la Manche dans quelques mois, je n'ai pas eu encore beaucoup de temps à lui consacrer. Je décide de mettre mon portable en mode avion, me voilà totalement *off*.

Matt avait décidé de skier avec nous. Entre-temps, il a rencontré des copains et préfère aller en cours avec eux. C'est beaucoup mieux, eu égard à ce qui va m'arriver dans trente minutes. À 9 heures pétantes, Krystel le dépose à l'école de ski. Plusieurs amis de Briançon nous ont rejoints pour une journée qui se présente sous les meilleurs auspices. Et parmi eux, un ami accompagné par son père alors âgé de presque 80 ans, qui skie encore bien.

— Dis-moi Franky, cela ne te dérange pas si mon papa vient skier avec nous ? Cela lui ferait plaisir…

— On y va tranquille, pas de soucis, on va se la jouer relax !

Bon joueur, je décide de choisir une piste bleue, toute simple, la descendre est un jeu d'enfant. La petite troupe me suit à la trace. J'ai opté pour des skis de freeride, paraboliques, avec de larges spatules qui me permettront, si l'occasion se présente, de dompter la poudreuse.

Krystel est derrière moi. À un moment, un ami s'arrête net. Il veut couper cette piste en forme de Y pour rejoindre un téléski. Il me fait signe de le rejoindre. Je sais qu'il connaît le domaine skiable comme sa poche. C'est un vieil habitué de Serre-Chevalier, je lui fais confiance. Mais dans la précipitation, je me trompe de chemin. Je n'ai pas du tout le sens de l'orientation. Pas question de me faire remarquer. Pour ne pas perdre la face et retrouver vite ma petite bande, je décide à mon tour de couper et remonter la piste en prenant à fond ce que je considère alors comme un raccourci. Erreur fatale !

Lancé à pleine vitesse, je ne vois pas le décor qui défile devant moi. À cet endroit, la pente orientée nord est forte, on ne distingue pas le ravin. Et la neige a bien durci durant la nuit. En voyant le vide, j'essaye de me jeter sur le côté mais malheureusement, à 9 h 30, les filets de protection n'ont pas encore été installés par les pros de la station. Je décroche complètement, je tombe de plusieurs mètres pour venir m'encastrer dans un mélèze au milieu du ravin. Mes skis sont tombés au fond. Cet arbre, c'est un mal pour un bien.

J'aurai pu terminer plus bas en mille morceaux, ou pire encore…

Le choc a été brut et violent, il me paralyse. J'apprendrai plus tard que c'est une zone dangereuse connue des professionnels de la station. J'ai déchaussé, je ne sais plus où j'habite. Au début, Krystel ne s'est pas inquiétée. Elle a pensé : « Il est à peine 10 heures du matin et mon mari commence déjà à faire l'imbécile sur les pistes ! Si cela continue, on va rater la fondue du soir. »

Un de mes amis se rapproche et commence à me parler. Me voyant dans l'arbre, Krystel nous rejoint. Elle n'arrive pas à distinguer si je respire ou pas. Je suis inerte. On n'ose pas me toucher. Comment va-t-on pouvoir me récupérer ? Et quand ? Avec le froid, la batterie de mon iPhone est au plus bas. Il va falloir faire vite. Par chance, les quelques amis qui me rejoignent sont originaires de Serre-Chevalier et connaissent bien les pisteurs de la station. Le numéro d'urgence est enregistré dans leurs téléphones portables. Ils réussissent à avertir les secours du coin.

Entre-temps, j'ai réussi à prononcer quelques mots mais je ne sais plus vraiment où je me trouve. Suis-je tombé du ciel en *flyboard* ? Dans mon cauchemar, je me crois encore dans le golfe Persique. Je ne savais pas qu'il y avait des sapins et des pistes de ski à Bahreïn ! Je ressens des douleurs dans la poitrine, les côtes, et surtout la hanche. Cela me fait souffrir terriblement. Pendant ma carrière de sportif, que ce soit en karaté, en full-contact ou en jet-ski, j'ai pris la fâcheuse habitude de collectionner les côtes cassées. Je connais cette douleur et je sais à quel point le temps de récupération est long.

Les pisteurs-secouristes de Serre-Chevalier sont arrivés relativement vite. Dans cette pente abrupte, ils n'osent pas me déplacer. La remontée ne sera pas aisée. Le diagnostic médical demeure très incertain : côtes cassées, traumatisme crânien ou pire encore ? Après coup, Krystel se souviendra m'avoir vu la regarder avec « des yeux bizarres » comme si je ne l'entendais pas. C'était impressionnant d'après elle. Elle me disait :

— Chéri, s'il te plaît ne bouge pas, ne bouge pas !

J'ai perdu un peu connaissance et ma femme a eu la délicatesse de me jeter de la neige fraîche sur la figure pour que je reprenne mes esprits et ne tombe pas dans les vapes. Rapidement, le médecin prend la décision de me faire évacuer, non pas en ambulance, mais par les airs. Problème : l'hélicoptère de permanence a déjà été mobilisé pour une autre intervention d'urgence, probablement un accident de voiture.

Comme souvent, Krystel est à mes côtés. Ma femme a tragiquement l'habitude de ce genre de situation avec moi, le casse-cou de service qui collectionne depuis de nombreuses années les traumatismes crâniens, entorses et autres fractures. À Serre-Chevalier, ma femme fait preuve d'un sang-froid exemplaire en attendant l'hélicoptère qui mettra plus de 40 minutes à arriver. Il était temps car, dans cette attente, j'ai absorbé l'équivalent de deux bouteilles d'oxygène.

Me voilà dans les airs en direction du centre hospitalier des Escartons à Briançon. Cette fois, non pas comme Iron Man, mais tout simplement comme l'acteur tragique d'un accident de sports d'hiver bien bête. Sur place, on me fait passer plusieurs radios, examens et scanners. Les nouvelles ne sont pas rassurantes, j'ai plusieurs lésions, on a peur aussi pour mes poumons. On nous parle de pneumothorax. C'est une affection de la plèvre dont les conséquences respiratoires peuvent aller jusqu'à la mort. Bref, je ne suis vraiment pas en pleine forme. Le médecin de garde décide de m'héliporter dans un grand service de réanimation.

— Madame, on a regardé, ce sera Grenoble ou Marseille.

Sans aucune hésitation, Krystel prie pour qu'on puisse m'évacuer vers la cité phocéenne. On finit par m'y dégoter une place. L'hôpital de Marseille nord possède un des plus grands centres spécialisés en pneumologie. Par chance, il se trouve seulement à moins de trente minutes de mon domicile. Ce sera plus pratique et rassurant pour mes proches. Si ma mémoire est bonne, l'hélicoptère s'envole en direction de Marseille depuis la ville de Briançon.

Je suis branché de partout, en soins intensifs, avec peut-être une chance sur deux de m'en sortir sans séquelles. Ma cage thoracique est bien enfoncée, un os du bassin a été atteint dans le choc. Mes amis d'enfance me diront plus tard que j'avais une tête de vieillard. Le calvaire va durer plusieurs semaines mais comme toujours, je ne lâche rien. J'ai toujours un projet secret en tête : traverser la Manche l'été prochain en *flyboard* et rendre hommage ainsi à Louis Blériot qui a effectué cet exploit aux commandes d'un avion monoplan le 25 juillet 1909.

Malgré un pneumothorax et de multiples fractures, je ne vais subir aucune intervention chirurgicale. Rien n'est opérable, il va falloir s'armer de patience. Au début, je ne peux plus marcher, cela va être très dur pour moi. Peu à peu, je reprends des forces. J'ai acheté un vélo d'appartement, entamé des séances de rééducation pour garder le rythme. Je marche comme une personne âgée, je me suis fabriqué une canne en carbone car je suis fracassé. De retour à la maison, je passe beaucoup de temps dans la piscine chauffée car en mode « apesanteur », je me sens mieux. Je souffre moins. J'avale de la morphine pour diminuer la douleur. Pour reprendre du volume d'air dans les poumons, je souffle dans une gourde.

Mes proches comme le personnel médical en doutaient mais le samedi 4 mai 2019, j'arrive à Spa-Francorchamps en Belgique. À l'occasion du championnat du monde d'Endurance FIA (WEC), je vais effectuer un nouveau vol de démonstration en *flyboard* air devant des milliers de passionnés de sports mécaniques, soit moins de trois mois après ce grave accident de ski de février qui aurait pu me stopper net dans mes exploits ou me coûter la vie…

20

Macron et petits fours…

Cap au nord ! Mon équipe et moi-même avons chargé les voitures à ras bord, avant de prendre l'autoroute du soleil depuis Marseille, traversé les paysages pittoresques de la Provence pour arriver dans la précipitation et presque à l'arrache dans la capitale. Nous sommes à deux jours seulement des festivités du 14 juillet, le prélude d'un vol unique au monde qui laissera une trace indélébile dans ma mémoire et dans celle de mes proches…

C'est drôle mais j'étais persuadé, au fond de moi, qu'un jour je survolerais les Champs-Élysées et la place de la Concorde. Puis que je terminerais en garde à vue. En toute honnêteté, j'avais prévu de le faire dès le début de mon invention. S'il n'y avait pas eu de plan Vigipirate à ce moment-là, j'aurais tourné ma première vidéo YouTube en *flyboard* air juste au-dessus de la plus belle avenue du monde. À mes risques et périls, c'est certain. Je n'aurais jamais pensé faire le JT de TF1, voler en direct, et qu'on m'applaudirait dans ces mêmes conditions.

On y pensait depuis longtemps mais ce pari complètement fou de survoler a été réussi presque par hasard. Plusieurs personnes des forces spéciales françaises en rêvaient aussi. Le ministère de la Défense et le ministère des Armées également. En novembre 2018 s'est tenu le Forum innovation défense dans le quartier de La Défense, dans le département des Hauts-de-Seine. Cet événement qui attire des professionnels du monde entier rassemble tout ce qui touche au « soldat du futur » : matériels, innovations et projets en tout genre. Nous y étions avec notre machine volante. Les autorités, avec les ministres Florence Parly et Mounir Mahjoubi, alors en charge du numérique, ont salué publiquement mon invention. Quelques mois plus tard, à quelques heures de la Fête Nationale, ces mêmes forces spéciales nous proposent de réaliser des essais à Paris. Le matin de très bonne heure. Probablement pour conserver une part de discrétion et de surprise. Personne ne veut prendre la responsabilité d'un échec, c'est le jeu de la politique. Pas d'organisation ni de programme précis à l'horizon. Nous naviguons à vue !

13 juillet 2019. Il est 5 h 45, Paris s'éveille. Je me présente pour les répétitions générales du défilé. Les

organisateurs veulent vérifier que tout est compatible, notamment au niveau du bruit, mais je n'ai pas la certitude de pouvoir voler le jour J. Les militaires sont nombreux, les journalistes aussi. Il fait encore nuit, la température est agréable. Je fais rugir les turbines de mon *flyboard*. Nous entamons un rapide vol d'essai à proximité de la place de la Concorde. Entre inquiétude et émerveillement, les forces de l'ordre scrutent avec attention nos manœuvres, attentives à ma trajectoire et au bruit généré par ma machine volante. Je ne suis pas convaincu de ma capacité à voler le lendemain mais lors de ces essais, mon objectif principal est de vérifier la compatibilité de ma machine avec l'environnement. À cette époque, nous ne fabriquons pas encore nos propres moteurs. Parfois ils font des caprices, ne démarrent pas. Par exemple, je sais qu'on a une chance sur trente qu'une turbine s'arrête en vol et une chance sur cent qu'un moteur ne démarre pas. Je peux faire face à une panne de moteur en vol mais pas à deux, c'est mon seul joker. Plus tard, nous développerons une sécurité qui nous permet de « perdre » le fonctionnement d'un second moteur, mais seulement dans la seconde partie du temps de vol. On est passé de 38/39 à 44 kilos de poussée par moteur et j'embarque moins de carburant dans mon sac à dos, pour ne pas m'écraser en cas de perte d'un moteur. C'est un peu complexe à détailler techniquement.

À l'hôtel, je me rappelle avoir eu une importante conversation technique avec Krystel.

— Si une turbine ne fonctionne pas au départ, on n'aura jamais le temps de la redémarrer. Qu'est-ce qu'on fait ? Je ne vole pas ou je joue ma vie à un sur trente ?

Le plus grave serait de prendre une décision à chaud.

— Si une des turbines du *flyboard* air ne démarre pas, je pars quand même !

Et elle me dit :

— OK Franky, vas-y !

En regroupant toutes les données techniques et les vols d'essai, j'ai calculé que j'ai une chance sur 400 ou 500 de tomber, de m'écraser comme une mouche sur le bitume parisien. C'est un moment important de ma vie mais je savais bien, en appuyant sur le bouton *starter* de ma machine volante, que si tous les moteurs se mettent en route, j'aurai déjà la certitude de réduire de dix fois le risque de ne pas décoller ou d'avoir un pépin en plein vol. Mais avec un moteur en moins, on part quand même, pas question de faire marche arrière !

Vent faible et visibilité quasi parfaite. Cet aller-retour express en bas des Champs-Élysées s'est déroulé comme prévu. Aucun accro ou problème technique. Le bouche-à-oreille médiatique a vite fonctionné. Les équipes de télévision qui assistent aux répétitions du 14 juillet nous ont filmés. Quelques secondes après l'atterrissage, des dizaines de journalistes se précipitent sur nous. Tout le monde se met à courir. À cet instant, j'ai le sentiment que les médias vivent dans une grotte depuis plusieurs mois, qu'ils n'ont jamais entendu parler de mon *flyboard* air et de mes exploits aériens. Pourtant, ce n'était pas faute de les avoir prévenus ! Ce déferlement médiatique contribuera à populariser ma traversée de la Manche quelques semaines plus tard, entre Sangatte et les côtes anglaises...

« Génial, extraordinaire, fantastique... Zapata va voler demain sur les Champs-Élysées ! » Les superlatifs et commentaires élogieux commencent à tourner en boucle sur les chaînes et radio d'information de France et de Navarre alors même que je ne sais pas encore si j'ai obtenu l'autorisation officielle de m'élancer dans les airs le lendemain. Je ne sais pas trop quoi dire, je suis un peu dans l'embarras, j'ai un peu la pression. Cette fois, les autorités ne peuvent plus reculer. Je vais voler demain devant le président de la République, des milliers de spectateurs, et en direct sur les chaînes de télévision !

En toute fin de journée, un journaliste TV s'approche :

— Franky, on vous voit ce soir avec Emmanuel Macron ?

— Ce soir ? Pardon, il se passe quelque chose ? Y a quoi ce soir ?

— Hé bien le cocktail de Macron à l'hôtel de Brienne.

Un membre du service de sécurité nous confirme :

— Vous défilez donc vous êtes automatiquement convié à la réception du président de la République. À ce soir, donc !

Pourtant, ni mon épouse ni moi-même ne sommes au courant de cette invitation officielle. Car, comme de coutume, je suis arrivé à Paris les mains dans les poches. Avec ma caisse à outils, le *flyboard* air et la plateforme, j'ai emporté le strict minimum : une combinaison ignifugée, une paire de gants, mon casque, quelques affaires personnelles de rechange et mon incontournable paire de baskets. Il faut bien l'avouer : je ne suis pas un féru de l'uniforme « costume cravate », même si aujourd'hui, certains événements m'obligent à le porter. Cela fait partie du jeu. Pour le 14 juillet, je n'ai rien de tout cela dans mon sac. Krystel a prévu le coup en emportant une tenue plus chic. Au cas où. C'est vrai, ma femme adore faire les boutiques et sortir à Paris…

Après ce vol d'essai expéditif, nous retournons vite à l'hôtel. Nous avons reçu le feu vert officiel et les dernières instructions gouvernementales pour voler. Je m'applique à donner un coup de chiffon à mes baskets blanches et j'enfile une chemise propre.

Direction l'hôtel de Brienne, dans le 7e arrondissement de Paris pour une réception officielle qui s'apparente à une mini-*garden-party* !

Pendant plus d'un siècle, les jardins de l'Élysée ont accueilli cette fameuse *garden-party* qui succède au défilé militaire de la Fête nationale. Des milliers de personnes, politiques, sportifs, artistes ou chefs d'entreprise s'y pressent pour tenter de serrer la main du président de la République. Je me souviens encore des retransmissions que je regardais, plus jeune, à la télévision, avec François Mitterrand ou Jacques Chirac. Le matin, sur les Champs-Élysées, le défilé militaire et le show aérien avec le survol des Alpha Jets et des C-160 Transall de l'armée de l'air me fascinait. Mais en 2010, le président Nicolas Sarkozy a décidé de supprimer officiellement cette tradition des *garden-parties* pour cause de restrictions budgétaires et d'image.

Ce qui fait que la fête s'est transformée en un discours et un buffet en tout petit comité. Ce 13 juillet 2019, la veille du traditionnel défilé placé sous le signe de la coopération militaire européenne et de mon fameux vol, Emmanuel Macron reçoit le corps des armées, des politiques et personnalités triés sur le volet à l'hôtel de Brienne. Ce magnifique hôtel particulier qui abrite les bureaux du ministre des Armées se trouve rue Saint-Dominique.

« À vous tous, ici, ce soir, une nouvelle fois : merci pour votre engagement. Les Français vous aiment. Les Français savent ce qu'ils vous doivent. » Le président de la République conclut son discours sous les applaudissements, les invités se ruent sur les buffets et autres petits fours. J'engage quelques conversations avec des officiels, certains me reconnaissent, d'autres pas, l'ambiance est bon enfant. Macron est très sollicité. J'ai le sentiment que certaines personnes présentes à cette fête essayent de défendre leur bifteck, c'est drôle. Je croise du monde, on échange nos cartes de visite, nos numéros de portable. On verra bien si, le jour venu, on pensera à m'aider, à mes projets. L'avenir nous le dira. Entre nous, je m'en fous ! J'ai toujours appris à essayer de m'en sortir tout seul et à imaginer la route idéale vers le succès. En affrontant les obstacles, je ne compte pas sur le facteur chance ni sur le facteur lobbying ou relationnel. Ce n'est pas ce genre de soirée qui va changer mon avenir.

Et je n'ai jamais eu besoin de reconnaissance, je fais les choses en priorité pour ma famille et pour moi-même. Mais c'est plutôt cocasse de se retrouver à cet endroit. C'est un pied de nez, une petite revanche sur la vie, pour moi qui me suis retrouvé interdit de vol en *flyboard* dans le sud de la France deux ou trois ans auparavant ! Je n'ai pas le profil pour venir ici. Dans les années 1990, j'ai quitté Marseille pour échapper au service militaire et partir aux États-Unis participer au championnat US de jet-ski. Pendant toutes ces années, j'étais un marginal, je n'avais même plus de Sécurité sociale. Par la suite, je me suis rebiffé, je suis rentré dans les rangs, dans le moule, et j'ai fini par payer des millions d'euros d'impôt, j'avais un peu les boules. Après, je me suis dit : tu payes, mais c'est aussi pour aider des gens qui n'ont pas d'argent dans notre pays.

Entouré par ses gardes du corps et ses conseillers, le président s'approche de moi pour me donner une vigoureuse poignée de main et m'adresser un sourire furtif :

— Ah mais je te connais, tu es de Marseille, je te suis depuis longtemps. C'est cool ce que tu fais !

Entre nous, j'étais content de le voir mais sans plus. Il m'a parlé, c'est vrai, mais il y a des rencontres dans ta vie où tu as le temps d'échanger, où il y a une vraie discussion, un vrai débat, même si tu ne partages pas le même avis. Quand tu rencontres des hommes politiques, c'est souvent très lisse. Dans ma vie d'entrepreneur ou de sportif de haut niveau, j'ai eu la chance de rencontrer de nombreuses personnalités et je n'ai pas cet esprit de groupie ou de fan. À mes débuts dans le jet-ski dans les années 1990, j'étais très impressionné par les champions de la discipline comme Nicolas Rius ou l'Américain Chris MacCluggage. Je les voyais comme des hommes pas comme les autres. Avec le temps j'ai compris que chaque humain sur la terre est le même, que tout le monde est construit avec le même bois et que le vrai talent, c'est de désirer les choses, gagner les combats, les défis. Alors les hommes et femmes politiques…

21
Vol du 14 juillet 2019

Dans la nuit, nous rentrons vite à notre hôtel parisien. Je dors très bien, même si ce vol du 14 juillet trotte déjà dans ma tête. Avec mon passé de compétiteur, je ne suis pas du genre stressé. Krystel et moi sommes concentrés et un peu à l'écart des militaires. La foule est arrivée aux aurores sur la plus belle avenue du monde.

À 10 heures pétantes, Emmanuel Macron ouvre les festivités de la Fête nationale, descend l'avenue des Champs-Élysées à bord d'une *command car*, un imposant véhicule militaire. Il est entouré par des motards et les cavaliers de la Garde républicaine. Issus de tous les corps d'armée et de plusieurs pays européens, 4 300 militaires participent à l'événement. La parade se déroule dans un contexte particulièrement compliqué. De nombreux sifflets ont retenti au passage du chef de l'État et plusieurs manifestations, pourtant formellement interdites, ont eu lieu dans les rues adjacentes. La rue est sous pression. La France est confrontée depuis plusieurs semaines au fameux mouvement des Gilets jaunes, avec ses blocages de ronds-points, ses actions de colère en tout genre. Et Paris n'y échappe pas.

Le défilé du 14 juillet fait la part belle aux technologies de pointe de l'armée et à ce qui fera le soldat, le fantassin du futur. Drones, robots et armes futuristes vont se succéder. Je fais partie du spectacle au même titre que les avions ravitailleurs, les hélicoptères de combat, les chars d'assaut ou la Patrouille de France que j'admire depuis tout petit. L'armée y trouve son intérêt. Celle que l'on nomme la Grande Muette veut communiquer sur l'innovation et sur mon invention qui préfigure, selon l'Agence innovation défense, l'armée de demain. Il y a trois ans, j'ai été approché par l'armée américaine, je ne m'en suis jamais caché. Mes démonstrations et vols en Arizona ont tapé dans l'œil des Yankees. L'information est remontée aux oreilles du gouvernement français, au moment même où les autorités locales m'ont interdit plusieurs vols d'essai dans le sud de la France. L'État français m'a accordé une subvention. Il souhaite que le *flyboard* air reste en France avec, à terme, une série de déclinaisons pour les secours, les interventions. Je suis un vrai patriote, je suis très attaché à mon pays et au *made in France*. Je pense que c'est une sage décision même si les promesses des politiques ne se sont pas toujours transformées en acte. Avec l'administration, il faut savoir être patient.

Le ciel parisien est bien dégagé, même si quelques nuages habillent encore la place de la Concorde. Me voilà déjà prêt, à 2 mètres de hauteur, sur une plate-forme située tout en bas de la plus belle avenue du monde. Délimitée par plusieurs barrières, la zone de décollage se situe à quelques mètres de l'hôtel Crillon et de l'ambassade des États-Unis. La tribune présidentielle est pleine à craquer : neuf chefs d'État étrangers ont été invités, parmi lesquels Angela Merkel, la chancelière allemande.

Je me sens en pleine confiance. Krystel est à mes côtés sur la place de la Concorde, plus personne ne doit se trouver près de la DZ pour des raisons évidentes de sécurité. C'est chouette de partager ce moment ensemble, elle qui a toujours été à mes côtés dans les bons comme dans les mauvais moments. On forme une super équipe. La veille, lors des répétitions, j'ai appris la rigueur militaire. Le timing est précis, millimétré à la seconde près. Aux commandes de mon *flyboard* air, je dois respecter une trajectoire et un temps maximal de vol pour m'intégrer dans ce spectacle hors du commun. Je suis un peu inquiet mais sans plus car le vol ne présente aucune difficulté majeure.

Dans ce genre de situation, le stress se transforme chez moi en quelque chose de positif. Toute ma vie, j'ai participé à de nombreuses compétitions en sports mécaniques comme le jet-ski, j'ai eu l'habitude de gérer ce stress depuis mon plus jeune âge. J'ai appris à mettre mon casque, à souffler dix à quinze secondes pour rentrer dans la course, et à me concentrer. J'ai conservé ce vieux réflexe.

Le vol va durer à peine 45 secondes. C'est à la fois court et long car je dois surfer au beau milieu des écrans géants, des caméras de télévision, des grues et des arbres. Je sais pertinemment que le président de la République, plusieurs chefs d'État étrangers, et des millions de téléspectateurs me regardent en direct. Mes amis et ma famille également. Je pense à mes parents et à mon fils Matt qui est resté à Marseille. Je l'imagine, scotché devant un poste de télévision, à la fois inquiet et fier de l'exploit de son papa, lui qui n'est pas vraiment un casse-cou ou un passionné de mécanique. Je suis extrêmement fier et heureux d'être à Paris en ce jour de Fête nationale.

Pour immortaliser la scène et ce vol unique, Krystel a installé une petite caméra GoPro sur le haut de mon casque intégral. Je porte comme d'habitude ma combinaison noire ignifugée, une épaisse paire de gants et mon sac à dos rempli de kérosène. Idée des forces spéciales : dans la main gauche, j'embarque un fusil d'assaut de type Famas qui n'est en fait qu'un vulgaire pistolet à billes, une arme factice. Cela tombe bien, je ne suis pas un adepte des armes. Après le vol, je me suis aperçu qu'on avait oublié d'y placer un chargeur, personne ne l'a vu. Logique pour quelqu'un qui n'a pas fait son service militaire, me diriez-vous !

Ma douce me tape dans l'épaule. Top départ ! J'appuie sur ma télécommande, cela pousse fort dans les mollets, les cinq microréacteurs fonctionnent à la perfection. Ouf ! Je n'entends plus rien, pas même le bruit des moteurs ni les applaudissements venus des tribunes officielles. Mon regard est déjà posé beaucoup plus loin, vers la place de la Concorde. Vingt ou trente mètres, je ne sais plus, je monte à une altitude raisonnable de manière à survoler les obstacles. Mes rotations sont calmes et précises pour pouvoir me stabiliser, puis retour à la case départ.

C'est difficile à avouer mais le vol n'aura duré en tout et pour tout que 45 secondes. C'est un truc de fou de se dire que ce vol éclair a eu autant d'impact. Une simple formalité pour un vol facile techniquement et physiquement, que j'aurais pu exécuter après trois ou quatre jours de *flyboard* à mes débuts. Un vol qui dure une éternité pour les spectateurs et les médias du monde entier, et pour les téléspectateurs. Ce vol aurait pu être annulé jusqu'au dernier moment mais les images de mon vol captées lors des répétitions la veille ont eu un tel écho que les autorités militaires se sont presque senties obligées de m'insérer dans le programme officiel du défilé. Je ne vais surtout pas m'en plaindre, j'en garde un excellent souvenir.

Ce vol éclair est un excellent tremplin médiatique quelques semaines avant ma traversée de la Manche. En témoigne le nombre de SMS, messages, appels et autres sollicitations que j'ai reçus sur mon portable quelques minutes après mon atterrissage. Au final, le 14 juillet c'était quoi ? J'ai décollé, effectué un aller-retour en bas des Champs-Élysées, salué les invités, puis je suis revenu sur ma plateforme au point de départ. Sportivement, ce vol ne rimait presque à rien !

Quelques interviews, félicitations, sympathiques tapes dans le dos et minutes plus tard, nous rangeons le matériel encore brûlant dans des caisses de transport. Direction la gare de Lyon pour un retour, non pas en voiture comme à l'aller, mais en TGV. Après

Paris, je suis attendu dans ma ville de cœur pour mon second 14 juillet de l'année.

C'est rigolo mais Marseille a bien fait les choses, nous sommes escortés par la police municipale pour rejoindre la cité phocéenne. Au programme, une démonstration et une petite fête le soir avec tous mes proches. Je l'ai bien mérité, non ?

22
La première Manche

Le choix de la date du 25 juillet 2019 ne tient pas au hasard. Il y a cent dix ans jour pour jour, le 25 juillet 1909, un certain Louis Blériot traversait la Manche à bord de son dernier engin volant, un monoplan baptisé le *Blériot XI*. Après des dizaines de tentatives, quelques chutes et casses en tout genre, l'ingénieur de l'École centrale réussit l'exploit de rejoindre Sangatte à Douvres en seulement 37 minutes et une poignée de secondes. Un vol qui marqua à jamais l'histoire mondiale de l'aéronautique. Quelques semaines plus tôt, j'ai participé au meeting aérien de La Ferté-Alais. Devant des milliers de spectateurs, je suis venu présenter mon *flyboard* air et effectuer une démonstration entre les avions du futur, des engins de collection, des biplans et autres avions d'époque. La passion de l'aviation et la curiosité étant inscrite dans mes gènes, j'ai aussi lourdement insisté pour pousser les portes des hangars et découvrir quelques vestiges de l'époque. Ces répliques de coucous à l'image du monoplan de Louis Blériot. Un bel engin. Le besoin de voler, de traverser la Manche l'a certainement aidé à s'affranchir des plus grandes problématiques que les humains avaient pour rester en l'air. En s'approchant de son avion, tu imagines le gars il y a cent dix ans dans son atelier, avec son marteau, ses clous, sa scie. Tu comprends celui qui a construit de ses propres mains un avion, le poids de l'humain face à la technologie, à la modernité…

25 juillet 2019, entre Sangatte et Douvres.

La Manche est belle. Des oiseaux planent à hauteur de mes yeux, portés par la brise. 15 mètres, 10 mètres, 5 mètres, 2 mètres… La plateforme se rapproche. Je retiens mon souffle. Plus que quelques secondes avant mon tout premier ravitaillement en mer. Nos calculs préliminaires sont bons, je viens de pénétrer dans les eaux britanniques. Le timing est presque parfait, j'ai volé près de 20 kilomètres, il me reste 30 % d'autonomie et mon sac à dos s'est allégé de plusieurs kilos de kérosène. Le scénario idéal. J'arrive à faible allure sur le bateau. Et merde ! Une vague le heurte. Le mouvement décale la barre de maintien de la plateforme d'atterrissage. L'esquif tangue, mon engin volant se déporte en arrière. La plateforme d'atterrissage est exiguë. Mon engin volant est lourd avec ses cinq turbines. La barre à laquelle je me tiens a tapé la machine. Je heurte violemment celle-ci avec la base de ma machine. Je pars en arrière. Gauche-droite, droite-gauche, en quelques fractions de seconde, mon *flyboard* part en vrille. Avec mes jambes, je tente de compenser ma chute. Mais je perds complètement l'équilibre.

Avec du recul, la stratégie à adopter aurait été de redécoller immédiatement et voler hors du problème. Mais j'ai voulu forcer quand même l'atterrissage et la machine est partie comme une toupie dans tous les sens. J'ai eu le mauvais réflexe et j'ai fini par taper. Je pars en arrière, je tombe à l'eau. Ma combinaison ignifugée me protège du froid, ce n'est pas grave, mais il faut faire vite, sinon je vais couler avec les turboréacteurs. Je nage de toutes mes forces, je n'ai pas peur. Le casque m'empêche de respirer parce que l'eau s'accumule à l'intérieur mais je sais qu'à tout moment je peux larguer le système pour flotter au-dessus de la mer. Les hélicos d'assistance et ceux qui filment l'action en direct pour YouTube et les chaînes de télévision sont encore loin.

Mes équipiers, eux, ont vite compris. Mon ami Jano se jette à l'eau. On remonte ensemble à bord d'un Zodiac des Affaires maritimes. Ma planche volante est toujours bien accrochée à mes pieds. À plusieurs, ils me hissent à bord d'un plus gros navire pour nous ramener quelque part dans les environs de Calais. Je tire la gueule. L'hélicoptère de l'armée de l'air que nous avons eu tant de mal à obtenir et qui était censé assurer ma sécurité est resté immobile. Et ses plongeurs n'ont pas sauté.

C'est très dur. Je vois ma machine détruite. Le sac à dos qui me sert de réservoir de carburant est déchiré. En quelques secondes, le travail de plusieurs mois, que dis-je, de plusieurs années, s'est envolé. Heureusement, cette fois, je ne suis pas blessé. Mais je suis déçu, en colère aussi. Le premier truc qui me vient à l'esprit en retrouvant toute l'équipe, c'est : voilà c'est foutu ! La machine est hors service, il va falloir tout reconstruire. C'est impossible !

Les nombreux médias français et étrangers qui nous suivent depuis mon vol du 14 juillet sur les Champs-Élysées s'interrogent. Une conférence de presse s'improvise avec l'aide la municipalité, les questions fusent. Je suis déjà un peu ailleurs.

Plusieurs questions me viennent à l'esprit : que s'est-il passé exactement ? Ai-je commis une erreur d'appréciation ? Avons-nous trop sous-estimé les paramètres du ravitaillement à mi-distance lors de cette première tentative ? Que fait-on ? On arrête ou on continue ?

Mais au bout de dix secondes, je pense au fait que j'ai réussi à décoller, à voler près de 20 kilomètres et surtout à tout le chemin parcouru en quelques semaines.

Après tout, Louis Blériot, il y a cent dix ans, a essuyé des dizaines d'échecs et cassé plusieurs engins volants avant de réussir cette incroyable traversée de la Manche. Je repense également aux premiers mois de l'année et à ces dernières semaines que je viens de passer. Fin février, j'ai heurté un sapin à pleine vitesse en skiant à Serre-Chevalier. J'étais à moitié mort ! Quinze côtes cassées, trois factures du bassin, deux vertèbres brisées, les poumons perforés et un traumatisme crânien, on ne donnait pas cher de ma peau. Les médecins n'y croyaient plus.

Peu à peu, j'ai réussi à remonter physiquement la pente en m'entraînant comme un forçat de la route. Abandonner n'est pas dans ma nature. Je suis un ancien sportif de haut niveau. On a aussi tous travaillé comme des fous dans les ateliers de Marseille pour mettre au point cette traversée, et surtout gagner en autonomie. Aux prémices du projet, nous avions seulement 9 kilomètres d'autonomie.

On était engagés dans cette traversée et il a fallu se remettre sur pied le plus vite possible, travailler sur la machine et voir d'un coup tout ça anéanti, c'est dur. On est rentrés pour fabriquer de nouveau la machine.

C'est parti, on se remet au travail ! Objectif : reconstruire la machine de A à Z et revenir dans une semaine. Cette fois dans de meilleures conditions…

De retour dans nos ateliers, nous analysons, mon équipe d'ingénieurs et moi, la situation. Nous allons reprendre minute par minute le film des événements. Nous débriefons pendant de longues heures et repassons en boucle la vidéo de mon arrivée sur le bateau de ravitaillement. Ce dernier était manifestement trop petit et ne prenait pas en compte les mouvements de la mer, le vent, les courants, les vagues. J'ai perdu aussi un peu de temps au départ de Sangatte car j'ai dû attendre l'hélicoptère de l'armée qui devait m'ouvrir la route. C'est difficile à croire mais il est parti dans la direction totalement opposée !

Dix jours avant ma première tentative de traversée, énorme coup dur. Alors que je suis en train de régler mes problèmes de ravitaillement en vol, la préfecture maritime de la Manche et de la mer du Nord m'appelle.

— Monsieur Zapata, votre plan de vol n'a pas été validé. Il va falloir revoir votre copie…

— Pardon, vous plaisantez ?

Je viens de recevoir un véritable coup de massue derrière la tête. On ne s'y attendait pas du tout mais ils ont décidé au dernier moment d'émettre un avis défavorable. Je dois non pas voler à 50 mètres mais à plus de 70 mètres d'altitudes afin d'éviter une collision avec les ferries et paquebots qui traversent la Manche... Ils considèrent que le parcours et les moyens engagés ne respectent pas les conditions de sécurité malgré la présence de bateaux et d'hélicoptères d'assistance. Tout est bloqué au niveau administratif. Je trouve cela ridicule. Surtout, je ne me vois plus faire marche arrière. J'ai engagé trop de monde dans le projet, trop de moyens financiers, des partenaires.

— Messieurs, vous ne pouvez pas faire ça, arrêtez sinon je suis foutu !

Le temps presse. À quelques jours de notre arrivée dans le Pas-de-Calais fin juillet, le ciel s'assombrit. Pas question de faire du forcing auprès d'une administration aussi puissante que la préfecture maritime. Il nous faut d'ores et déjà un plan B. L'idée est de prévoir un point de ravitaillement plus lointain, à mi-parcours, dans la limite des eaux territoriales britanniques. Par chance ou opportunité, nos voisins d'outre-Manche se montrent souples et à l'écoute. Ils acceptent notre requête. Seul problème : le bateau et sa plateforme se situeront à 18 kilomètres exactement de notre zone de décollage en pleine mer. C'est loin. Cela nécessite de voler plus vite, et à une vitesse moyenne rarement atteinte. Le pari est osé mais jouable. J'en ai vu d'autres, non ?

En arrivant à Calais, quelques jours avant la date fatidique du 25 juillet, les ennuis se sont accumulés.

Après le premier refus de la préfecture maritime de la Manche, les négociations se sont éternisées avec le ministère des Armées et l'armée de l'air. On a perdu du temps, on a perdu patience. Les militaires nous avaient promis un hélicoptère pour le sauvetage en mer, ils ont fini par nous le retirer puis nous le redonner au moins dix fois dans la même journée. La veille de la traversée, les pilotes de l'hélicoptère n'ont pas pris pas la peine de venir à la réunion préparatoire, le fameux briefing du film *Top Gun*.

Tout cela a perturbé l'organisation du ravitaillement en mer. À l'origine, on pensait fabriquer une sorte de drone à eau pour remplir le sac à dos de kérosène et ne pas subir le mouvement de la houle ou des courants. Je devais arriver, attraper un tuyau placé à une quinzaine de mètres de hauteur et ravitailler la machine en l'air, rester deux ou trois minutes en vol stationnaire et repartir aussitôt. Une manœuvre à effectuer en deux fois pour ne pas devoir voler trop vite et rester capable de traverser la Manche à une vitesse moyenne de 100 kilomètres à l'heure, allure assez importante eu égard au caractère extrêmement physique du vol en *flyboard*.

Au final, vous le savez, on nous a interdit de positionner un navire ravitailleur dans les eaux françaises. Nous voilà contraints à filer dans les eaux anglaises pour effectuer un seul et délicat ravitaillement sur une plateforme. En quelques mots simples : augmenter l'autonomie du *flyboard* air signifie augmenter sa vitesse. L'ingénieur avait tout calculé : j'allais devoir voler à plus de 145 kilomètres à l'heure de moyenne pour ne pas arriver à sec en Grande-Bretagne. Ce n'était pas gagné ! Et donc, nous n'avons pas suffisamment eu le temps de travailler sur le choix de l'embarcation, le système d'atterrissage et toutes les zones de sécurité. Je n'ai pas eu le temps non plus d'effectuer un essai, de faire une petite reconnaissance. Rien du tout. Car tout a été annulé la veille ou presque. Pour finir, j'ai loupé le premier ravitaillement avant de réussir cette traversée une semaine plus tard, le 4 août 2019. Une date qui restera à jamais gravée dans ma mémoire.

23

Biscarrosse, le vol de trop ?

Samedi 28 mai 2022, cap sur le lac de Biscarrosse dans les Landes. Une date à oublier, à classer dans la catégorie des « Je ne comprends pas ». À l'origine, nous devions effectuer une simple démonstration de *flyboard* air en 2020 à l'occasion du traditionnel rassemblement d'hydravions bien connu des férus d'aviation. Le Covid-19 est arrivé et ma participation a été reportée à maintes reprises.

Debout aux premières lueurs du jour mais partis de Marseille avec un énorme retard, mon équipe et moi sommes arrivés vers 10 heures du matin pour une démonstration prévue à 14 heures. Le temps imparti pour installer la plateforme, débarquer et vérifier le matériel s'avère court. Rien ne se passe comme d'habitude. Krystel est nerveuse et a un mauvais pressentiment. Sollicité plusieurs fois par le public venu en masse me voir à Biscarrosse pour des séances photo ou des selfies, je n'ai pas eu beaucoup de temps pour déjeuner et rejoindre la machine.

Nous n'arrivons pas à nous connecter à l'ordinateur qui contrôle les paramètres de la machine volante au réseau 4G. Cela ne marche pas, ma femme s'interroge : « Comment allons-nous faire pour communiquer en vol ? » Je veux partir quand même. Tout se déroule trop vite, à la dernière minute, bref, tout le contraire de nos vols habituels.

L'heure tourne. Je me décide à décoller vaille que vaille, sans les processus de vérification habituels. Krystel a encore le nez plongé dans l'ordinateur, elle essaye de se connecter au *flyboard* air, mais n'y arrive pas. Nous n'avons pas non plus contrôlé les buses ni les commandes. Un vol brouillon, désordonné et mal préparé.

J'actionne la télécommande, en une fraction de seconde, je m'élève dans le ciel. Subitement, je pars en toupie, mon engin devient incontrôlable, le plancher des vaches se rapproche. Comme le veut notre protocole, je me rapproche du plan d'eau, je coupe les gaz à 10 mètres de hauteur. Je finis par m'écraser de manière verticale dans une eau peu profonde. Krystel n'a pas tout vu. Elle a été interpellée par un spectateur qui lui demande si mon attitude en vol est vraiment normale. Elle a observé ma chute à l'instant où je suis à quelques mètres de toucher l'élément liquide. Puis le choc !

Deux assistants aux commandes d'un jet-ski me portent aussitôt assistance. Dans mon malheur, mon gilet de sécurité s'est automatiquement gonflé au contact de l'eau. Le sac de kérosène flotte tout seul, ma planche est restée scotchée à mes pieds. Mon ami Jean-François, dit Jano, est le premier à venir. Ma femme accourt également et plonge dans l'eau tout habillée. Elle me retire aussitôt mes chaussures, me déconnecte de tout. Je lui accorde toute ma confiance : dans ce genre de situation, elle sait quoi faire. Les pompiers me placent délicatement sur la plage et me transportent dans une coquille en civière. Mon ventre me fait un mal de chien.

J'ai déjà perdu connaissance. Cinq ou six minutes dans les vapes. Après coup, mon épouse me racontera ce moment où je « reboote ». En bref, je répète inlassablement les mêmes questions : « Je fais quoi ici ? », « Où suis-je ? » Sur mon *flyboard* air ou sur mon nouveau *JetRacer* ? Étrangement, cela lui rappelle mon grave accident de ski peu avant la traversée de la Manche en février 2019. Ce n'est pas bon signe…

À l'hôpital de Biscarrosse, je suis, disent les médias, en « urgence relative ». On me diagnostique mon troisième traumatisme crânien. Je suis devenu amnésique quelques instants. Entre nous, je ne sais pas comment je vais vieillir avec tous ces maudits accidents. Ce n'est jamais bon pour la santé. Sur place, le service médical a été relativement incompétent. Je ne le sais pas encore mais dans ma chute, j'ai eu une lésion très grave qui n'a pas été détectée à la radio. J'ai eu les os de la gorge cassés, précisément une fracture du cricoïde. Cela touche la pomme d'Adam et dans la majorité des cas, cela vous conduit à un œdème. Tu meurs étouffé dans les heures qui suivent. En parcourant plus tard chez moi j'ai vu des articles inquiétants sur Internet à ce sujet. Je suis une sorte de miraculé, raison pour laquelle j'avais un mal à la gorge de fou quand je me suis réveillé au service des urgences.

En attendant, les médecins ont réalisé un check-up général et même un scanner mais n'ont rien vu. Ils m'ont libéré de l'hôpital une heure après et le soir même, j'ai dîné au restaurant avec Krystel. J'avais encore très mal à la gorge, c'était insupportable. Sur le moment, j'ai ressenti la même douleur qu'après ma chute de ski à Serre-Chevalier l'hiver 2019. J'ai pensé que j'avais plusieurs côtes cassées.

Que s'est-il passé exactement ? Je le répète inexorablement, cet accident m'a vraiment surpris. En *flyboard* air, j'ai décollé des dizaines de fois en me disant : « Attention, aujourd'hui quand même, cela va être chaud, c'est un vol engagé, cela va être dur. Et la priorité c'est revenir. » À Biscarrosse, ce stress était derrière moi. La machine était fiable, il n'y avait plus de risques et en plus je me trouvais juste au-dessus de l'eau. C'est une erreur minime de la R&D et une accumulation de mauvais facteurs techniques qui ont provoqué ce problème, aux conséquences lourdes sur mon *flyboard*. Pendant la démonstration, cela m'a vraiment étonné et je ne pensais pas avoir une seconde chance pour une bêtise pareille. Ce qui est arrivé ne doit pas se reproduire. On a été mauvais une fois, on n'a pas le droit de l'être une seconde fois.

Pendant un mois, j'ai continué à travailler depuis la maison. Je souffrais le martyre. En me faisant passer un nouveau scanner, on a décelé quatre côtes cassées. J'ai arrêté le crossfit, je me suis remis tout doucement à la course à pied. Tout est rentré progressivement dans l'ordre environ un mois et demi après mon accident des Landes. Je n'avais plus mal aux côtes, j'ai l'habitude. Puis je suis parti voir mon associé une journée à Berlin. Sur place, en nageant dans une rivière, il m'est arrivé une chose indescriptible. Dans un mouvement de crawl, j'ai tourné la tête et il y a eu un problème avec ma gorge, elle s'est coincée. Impossible de faire rentrer l'air. Cela m'a perturbé. Il y avait un problème.

En rentrant à Marseille, j'en ai parlé à Krystel. Je lui ai raconté ce moment où j'ai perdu la possibilité de respirer comme une canette de Coca qui s'écrase. J'ai foncé dans ma chambre et sorti mon scanner. Incroyable mais vrai ! De mes propres yeux, j'ai vu cette fracture et appelé un spécialiste qui m'a aussitôt répondu :

— Monsieur Zapata, je ne sais pas quoi faire…

Après un scanner de contrôle, le médecin ne voulait plus me manipuler ni même me toucher la tête. Je me suis moqué :

— Docteur, vous pouvez y aller, je suis venu en voiture !

Dans l'accident, j'avais eu des bouts de cartilage arrachés. La seconde fois où cette situation s'est produite, j'ai eu très peur car l'air ne rentrait plus. Puis quand j'ai avalé, tout est rentré dans l'ordre et cela fait maintenant plusieurs mois que cela ne m'arrive plus. Personne n'y comprend plus rien. Ce genre de cas peut provoquer des sténoses, c'est-à-dire que la trachée pourrait rétrécir. Je croise les doigts. Encore une fois, je suis un miraculé !

24
La voiture volante, l'avenir

Depuis 2022, nous voilà confortablement installés à Châteauneuf-les-Martigues en bordure immédiate de l'étang de Berre. Une ancienne friche industrielle sur deux hectares a été entièrement dépolluée et convertie en une sorte de Zapata Valley. À ce jour, j'ai l'immense privilège de diriger une start-up qui compte une trentaine de salariés à temps complet comme des ingénieurs ou des techniciens en aéronautique. C'est une immense fierté. Grâce à mes différents partenaires et à mon investisseur principal, avec lequel je m'entends à merveille, nous avons pu lancer la construction de trois bâtiments flambant neufs. On y trouve notamment un bureau d'études, des ateliers, un simulateur de vol, un local de fabrication, un terrain de pétanque (normal, nous sommes près de Marseille !), une aire d'atterrissage et même une tour de contrôle. Nous avons obtenu le droit d'effectuer des vols d'essai dans le respect strict des couloirs aériens. Cela nous change la vie par rapport à la situation de Sausset-les-Pins. Trop occupé à courir, je n'y possédais même pas de vrai bureau !

Après de longs tests réalisés pour le compte de l'armée américaine et le fameux EZ-FLY, nous avons entamé dans le plus grand secret à partir de l'année 2018 un projet de « voiture volante ». En réalité, il correspond plus à un vaisseau de *La Guerre des étoiles*. L'idée de départ était de fabriquer une machine pour faire voler tout le monde ou presque à travers la planète. Avec le temps et mes différentes rencontres, j'ai compris que l'homme avait toujours voulu voler. J'ai aussi compris qu'il faudrait attendre longtemps avant de pouvoir aller acheter sa baguette de pain avec un taxi volant comme dans le film de Luc Besson, *Le Cinquième Élément*. Le transport des humains va vite évoluer dans les années à venir, c'est une évidence. Au même moment, je souhaitais offrir au public le goût de voler et lui faire sentir ce que j'éprouve lorsque je suis en altitude sur mon *flyboard* air. Il fallait aussi être capable de fabriquer un engin que tout le monde puisse piloter. Pas si simple.

Alors chez Z-Air, on s'est mis en tête de construire un engin hybride. Une sorte de mix entre un drone et une Formule 1, un engin moderne entièrement contrôlé par le pilote mais qui communique avec la machine *via* un ordinateur et des algorithmes. L'engin volant interprète tout ce que veut le pilote. Mêlant le design d'un drone avec celui d'un bolide de course, mon *JetRacer* a été présenté pour la première fois en août 2022. Cette voiture volante *made in France* est une machine à décollage et atterrissage verticaux, VTOL en anglais, ou ADAV en français. Son châssis est en carbone. Capable en théorie de voler à une altitude de 3 000 mètres à une vitesse maximale de 250 kilomètres à l'heure, le *JetRacer* embarque dix microturbines et a été conçu de manière à pouvoir supporter la perte de deux réacteurs sans conséquences sur la sécurité du vol. On parle de redondance.

Différent du pilotage de mon *flyboard* air, le *JetRacer* permet d'effectuer une série des figures sans contrainte, c'est une sorte de tapis volant comme celui d'Aladin. Cette voiture volante se pilote à distance. Cet aéronef est destiné aux services civils de secours, à l'armée, aux loisirs ou à des parcs d'attractions dans une version plus sobre et plus accessible pour revivre la fameuse expérience de Marty McFly du film culte *Retour vers le futur*. Suivra l'été 2023, une version encore plus abouti. C'est l'AirScooter. Il est présenté en « grandes pompes » au prestigieux salon VivaTech à Paris début juin. Un engin volant que vous pourrez piloter tout seul, sans permis et sans connaissances particulières. Le rêve qui habitait toute mon enfance…

25

La vie est belle

En feuilletant les albums photo de ma jeunesse et en regardant toutes les vidéos stockées pêle-mêle sur mon ordinateur portable, je repense à ces compétitions sportives auxquelles j'ai participé, à mes victoires, à mes échecs, à tous mes procès, et à tous ces accidents où j'ai frôlé de près la mort, à toutes ces rencontres improbables, à ces voyages aux quatre coins du monde. Je revois aussi ces nuits entières passées à bricoler un jet-ski, à fabriquer une coque au fond d'un atelier, à mes projets de voiture volante. À 45 ans, le désir d'être plus présent auprès de mon fils, de ma famille et de mes amis ne m'empêche pas de nourrir de nouveaux projets de vol au sein de mon entreprise. Je reste aussi un fou de sport, j'entretiens mon corps et mon esprit quotidiennement à la salle ou en courant dans les collines du Rove. Au fil des années, rien n'a été simple mais aujourd'hui je vis confortablement, j'ai acquis une forme d'indépendance.

Ce que je préfère dans la vie ? Partager une pizza le soir entre potes !

Franchement, le survol de Monument Valley aux États-Unis, le duel avec une Formule 1 sur le circuit de Spa-Francorchamps en Belgique et surtout cette traversée de la Manche, c'était cool ! C'est complètement fou de vivre de telles expériences. En me posant sur le sol à Douvres en août 2019, j'ai tout oublié ou presque. Je vivais dans un monde parallèle et hors du temps. Je ne sais pas à quel point les gens peuvent imaginer ou même « sur-imaginer » ce qui s'est passé dans ma tête. C'était un moment incroyable, mon rêve de gosse. C'était très engagé, osé et poussé à l'extrême. Alors quand tu réussis une aventure comme la mienne, tu te dis que, vraiment, la vie est belle !

Remerciements

À ma femme Krystel, à mon fils Matt,
à mon père Claude, à ma mère Jeanne,
à mon ami Fred et à tous ceux qui ont
contribués à l'écriture de ce livre…

Retrouvez-nous sur les réseaux sociaux :

City éditions

www.city-editions.com
@cityeditions
www.facebook.com/cityeditions/
@CityEditions
@cityeditions

Achevé d'imprimer en août 2023
sur les presses de la Nouvelle Imprimerie Laballery
58500 Clamecy
Numéro d'impression : 308249

Imprimé en France

La Nouvelle Imprimerie Laballery est titulaire de la marque Imprim'Vert®